KB231135

부동산이 답이다!

4050 인생후반 대비전략 **부동산이 답이다!**

발행일	2015년 7월 24일		

지은이	조 용 호		
펴낸이	손 형 국		
펴낸곳	(주)북랩		
편집인	선일영	편집	서대종, 이소현, 이은지
디자인	이현수, 윤미리내, 임혜수	제작	박기성, 황동현, 구성우, 이탄석
마케팅	김회란, 박진관, 이희정, 김아름		
출판등록	2004. 12. 1(제2012-000051호)		
주소	서울시 금천구 가산디지털 1로 168, 우림라이온스밸리 B동 B113, 114호		
홈페이지	www.book.co.kr		
전화번호	(02)2026-5777	팩스	(02)2026-5747

ISBN   979-11-5585-658-1 13320(종이책)   979-11-5585-659-8 15320(전자책)

이 도서의 국립중앙도서관 출판예정도서목록(CIP)은 서지정보유통지원시스템 홈페이지(http://seoji.nl.go.kr)와
국가자료공동목록시스템(http://www.nl.go.kr/kolisnet)에서 이용하실 수 있습니다.
(CIP제어번호 : CIP2015019479)

4050 인생후반 대비전략
부동산이 답이다!

조용호 지음

북랩 book Lab

🏠 프롤로그

주변 사람들의 권유에 따라 어렵게 펜을 들었으나 이 책을 어떤 내용으로, 어떻게 채워나가야 할지를 한참 고민했다. 그때 갑자기 떠오르는 고향 친구가 있었다. 요즈음은 조금 뜸하지만 어린 시절부터 차분한 생각보다는 온몸으로 움직이는 데 익숙한 내가 어떤 고민거리를 안고 있을 때마다 의논을 하면 막힘없이 한마디 툭 던지는 그 친구의 조언이 그대로 나의 길이 되곤 했었던 기억 때문이었다.

고향에서 그 누구보다 자신의 일을 사랑하며, 자연과 더불어 사는 그 친구는 변함없는 따듯함으로 나를 맞이해 주었다. 오랜 시간 소원함이 있었지만 우리는 시간의 단절감을 그리 느끼지 않았고, 만나서 이런저런 이야기로 시간이 가는 줄을 몰랐다.

고향에서 돌아와 나는 단단히 마음을 먹고 책상 앞에 자리했다. 그리고 그 친구와 나눈 말 중에서 유독 머리에 맴돌고 있던 한마디를 노트에 적어 보았다.

"인생은 속도가 아니라 방향이다."독일 문학에 큰 족적을 남긴 괴테가 한 말이라고 하면서 그 친구는 내게 말했다. 내가 보낸 지나간 시간들은 어떻게 보면 속도의 문제, 방향의 문제를 차치하고 인생 태도에 대한 진지한 고민 없이 그저 하루하루의 시간에 쫓겨 살아오지 않았느냐고 되물었다. 그 말을 듣고 가만히 생각을 해보니 친구는 스스로의 고민을 통해서 이번 작업이 나에게 의미 있는 계기로 삼아보면 어떨까 하는 메시지를 전해준 것이라고 생각이 들었다.

그동안 살아온 시간들을 이번 계기를 통해서 차분하게 되돌아보면서 인생 후반전을 위한 중간 점검도 하면서, 나의 전반적인 삶을 채워온 부동산과 건설 현장에서 체득한 소소한 지식을 다듬어서 관심이 있는 사람들에게 조금이나 도움이 되도록 하면 어떨까 하는 생각에 이르게 되었다.

밑바닥 건축 현장에서 시작하여 다양한 건축 시공 과정을 거치면서 지금에 오기까지의 삶의 이야기를 이쪽 분야가 생소한 사람들에게 조금이나마 도움이 될 수 있도록 이 책을 통해서 펼쳐보는 것도 지금쯤에는 참으로 의미 있는 일이 될 수 있을 것이라는 생각이 들었던 것이다.

한편 그 친구는 이번 계기를 통해서 인생 후반전에는 속도보다는 방향이 더욱 중요할 수 있다는 강력한 메시지를 나에게 전해주려고 했던 것 같다는 생각이 불현듯 들었다.

이 책은 살면서 만나는 다양한 주제들 중에서도 우리의 삶과 불가분의 관계에 있는 건축과 부동산에 대한 실전적인 경험을 그 주요 내용으로 하고 있다. 구체적으로 일반 사람들이 알아 두어야 할 부동산 상식, 부동산 경매, 건축 시공의 과정, 도시계획과 부동산 투자, 부동산공법 그리고 실제로 현장에서 의뢰받았던 다양한 실전 사례들을 담아보려고 한다.

항상 곁에 두고서 부동산과 건축에 대하여 궁금한 사항이 있을 때 가장 먼저 들춰볼 수 있도록 기초상식부터 지면이 허락하는 한도 내에서 실제 현장에서 몸으로 부대끼면서 체득한 실제 사례를 포함하려고 한다. 모쪼록 이 책이 부동산과 건축의 이해를 돕고 또한 이를 바탕으로 좀 더 넓은 경험을 할 수 있는 디딤돌이 될 수 있기를 진심으로 바란다.

아울러 이 책은 많은 사람들의 관심과 격려가 있었기에 세상에 나오게 되었다는 말을 전하고 싶다. 그중에서도 변함없이 항상 곁에서 진심 어린 응원을 아끼지 않았던 집사람 연주, 앞으로 다가올 세상에 당당히 맞서기를 진심을 바라는 딸 연우와 아들 정훈에게 남편으로서, 아버지로서 책임을 다시 한 번 무겁게 되새기며 깊은 감사를 전한다.

2015년 여름
여명을 헤치고 힘차게 떠오르는 아침햇살이 보이는 용인 사무실에서,
조용호

목차

제4부 인생 후반전은 전원에서 마음 편하게 보내고 싶다

삶에 필요한 부동산 상식을 알아두자

· 글로벌 부동산 시장의 메가 트렌드를 기억한다

· 정부의 부동산 정책을 보면 가야 할 길이 보인다

· 부동산 전문가를 곁에 두면 도움이 된다

· 부동산과 인터넷, 그 한계와 가능성을 이해해야 한다

· 부동산 광고는 어디까지 믿어야 할까?

· 전·월세, 내 집 마련으로 가는 교두보로 활용한다

· 전·월세, 어떤 집을 구해야 맘이 편할까?

· 전·월세, 보증금 안전장치는 무엇이 있나?

· 전·월세, 스스로 확인해야 할 내용은 무엇이 있나?

· 전·월세, 주택임대차보호법을 알아야 한다

· 내 집 마련, 삶에 있어서 어느 정도의 비중으로 받아들여야 하나?

· 내 집 마련, 노력한 만큼 가까워진다

· 내 집 마련, 나에게 맞는 방법은 무엇인가?

· 내 집 마련, 확인해야 할 서류는 무엇이 있나?

· 내 집 마련, 부대 비용을 염두에 두어야 낭패가 없다

글로벌 **부동산 시장**의
메가 트렌드를 기억한다

> 미국의 가뭄으로 인해 우리나라 가축 사료 값이 출렁이는 지구
> 촌 세상이다. 세계 거대자본의 흐름은 우리나라 부동산 시장에도
> 영향을 미친다. 이런 이유로 우리는 글로벌 부동산 시장의 트렌드
> 에도 관심을 가질 필요가 있다.

부동산에 대한 투자 여력이 크지 아니한 사람으로서 글로벌 부동
산 시장의 메가 트렌드를 알아보는 것은 어떤 의미를 가지는 것일까?
바야흐로 지구촌이라고 한다. 이미 글로벌 경제는 서로 떼려야 뗄 수
없는 관계가 되었고 미국의 가뭄에 우리나라 사료 값이 급등하는 세
상인 것이다. 이런 이유로 글로벌 부동산 시장을 관심 있게 살펴보면
거대 자본의 흐름을 가늠해 볼 수 있으며 이는 국내 부동산 시장이
움직임을 예측하는 데 도움이 된다.

2015년 글로벌 부동산 시장은 전반적으로 회복세를 이어갈 것이다.
미국의 서브프라임 모기지 사태(2008년)나 유럽의 경제위기 등 글로벌
경제위기 때문에 집값이 정상적인 가격 변동 폭보다 많이 떨어졌기
때문에 주택을 중심으로 부동산 매입세가 이어질 가능성이 높기 때

문이다.

구체적으로 살펴보면 다양한 도시의 매력을 가진 곳에는 변함없이 많은 사람들이 몰리게 될 것이 분명하고, 이는 자본의 이동으로 이어져 부동산 시장으로 유입될 것이 예상된다. 변함없이 세계인의 관심과 사랑을 받고 있는 미국·북유럽·캐나다·호주·홍콩·싱가포르·중국 등이 그런 나라이다. 특히 홍콩과 싱가포르에는 세계의 부자들의 부동산 투자가 몰리면서 상대적으로 더욱 오르게 될 것이다. 이런 추세는 상당한 기간 동안 이어질 가능성이 높다.

다만 미국에서는 서브프라임 모기지 당시에 쫓겨났다가 다시 돌아오는 부메랑 바이어들이 돌아오고 있으나 현재의 주택 시장 중심의 변화가 상업용 부동산으로 이어질 수 있을는지는 결국 미국 정부의 부동산 정책에 달려 있다. 부동산 시장은 보이지 않는 손에 의하여 움직이는 측면보다는 후방 효과가 크다는 점에서 정부의 경기 부양책으로 많이 활용되기 때문이다.

스페인 등 많은 나라에서는 외국인이 자국 내 일정 수준 이상의 주택을 구입하면 이를 투자로 인정하여 영주권을 부여하는 제도가 있으며, 이런 제도는 유럽을 포함 대부분의 선진국에서 활용하고 있다. 우리나라의 경우, 2010년부터 시행되고 있는 부동산투자이민제도도 같은 정책이라고 할 수 있다. 미국도 투자 금액이 일정 수준 이상이면 미래에 영주권을 줄 때 연관시켜 예외는 아니다. 부동산 시장에서도 투자자에게 당근정책을 제시하며 투자를 유도하는 것은 자연스러운 모습이다. 이러한 제도는 전반적인 내수 경기가 침체된 나라에서 경기 활성화 측면에서 적극적으로 활용되고 있는 형편이다.

하지만 글로벌 부동산 시장의 회복세를 예상할 수 있지만 이는 전반적인 측면이지 많은 나라들에게 동일한 기대를 할 수 있는 것은 아니라고 생각된다. 가령 예를 들자면 한국의 경우 지난 30년간 대단한 압축 성장을 통하여 부동산 시장의 규모가 상당해졌고, 부동산을 통해 많은 부의 효과를 거두었지만 앞으로도 그렇다고 보기 어렵다.

가장 큰 이유를 꼽는다면 성장의 동력이라고 할 수 있는 소비세대인 베이비부머 세대의 은퇴가 시작되기 때문이다. 아울러 저출산, 고령화 시대로 진입하기 때문이기도 하다. 국가별로 고유한 부동산 성장의 호재와 악재가 상존하기 때문에 특별한 매력을 가진 글로벌 마켓이 아니라면 결국은 각 정부의 정책에 따른 부침이 예상된다.

한편 글로벌 부동산 시장에서 중국 자본을 언급하지 않을 수 없을 것이다. 지속적인 성장을 통해 세계시장의 성장과 소비를 견인하고 있기 때문이다. 중국인의 해외 부동산 매입 열풍은 계속적으로 이어질 것이 확실하다. 급성장하고 있는 중국 내의 달러가 넘쳐나기 때문에 이를 해외 부동산 투자로 돌리려는 정부 정책이 운용되고 있기 때문이다.

국내 부동산 시장에도 중국 자본의 유입이 예사롭지 않은 상황이다. 아직까지는 국내에 부동산을 보유하고 있는 나라는 미국, 유럽, 일본에 이어서 중국인데 가장 급속히 늘어나고 있다는 점에서 국내 부동산 정책의 운용에도 이를 반영할 필요가 있다고 생각된다.

예를 들면 2010년 2월에 도입된 부동산투자이민제도를 생각해 볼 필요가 있다고 생각된다. 부동산투자이민제도는 외국인이 국내에 부동산에 투자를 할 경우 일정 금액 이상(한화 5억 원 이상) 투자하면 국내 거주 자격을 주고 이후 5년이 지나면 영주권을 허용하는 제도이다.

부동산투자이민제도가 중국인의 한국 영주권을 얻기 위한 편법으로 사용될 수 있다는 측면에서 국부의 정책적 관리가 필요한 상황이다. 제도의 시행에 따라 제주도의 휴양 콘도 판매 실적이 급속하게 늘어나 국적별 휴양 콘도 분양 실적을 보면 중국이 가장 많고 이어서 미국, 기타 국가 순이라고 한다.

세계적인 투자펀드는 돈이 되면 움직인다. 가장 큰 투자 대상은 역시 부동산이다. 사람이 모이고 자본이 모이면 부동산 시장은 들썩이게 마련이다. 다양한 도시의 매력으로 세계인의 관심을 받고 있는 홍콩과 싱가포르, 세계 경제의 중심으로 우뚝 서고 있는 중국의 행보 그리고 싱가포르 정부의 자산을 운용하는 GIC 같은 국부펀드, 해지펀드, 사모펀드 등 거대 자본의 흐름에 주목해야 할 것이다.

정부의 부동산 정책을 보면
가야 할 길이 보인다

국민들의 표심으로 선택된 정부의 부동산 정책은 국민들의 눈치를 보지 않을 수 없다. 하지만 실제는 입법 과정, 예산 배분 과정에서 생기는 정치적인 문제와 충돌이 불가피하다. 이런 과정을 잘 들여다보면 반복되는 패턴이 보인다. 이것이 바로 부동산 투자의 가이드라인이라고 할 수 있다.

현 정부의 부동산 정책 핵심 내용은 하우스푸어를 위한 행복주택, 목돈 만드는 전세제도 등이라고 볼 수 있다. 과거 정부가 운용해왔던 부동산 경기 부양 정책보다는 실수요자 중심의 안정적인 공급 지원 정책으로 변화되고 있다. 이는 실무적으로 부동산 관련 규제 완화와 정부 개입을 줄이는 시장 중심의 정책이 될 것이라고 예상된다.

정부의 부동산 정책이란 다양한 부동산 문제를 개선함으로써 부동산과 인간의 관계를 개선시키기 위해 정부기관이나 정부관료가 집행하는 목적 지향의 행위 과정을 말한다. 이는 구체적으로 국토정책, 토지정책, 주택정책 등으로 대별할 수 있으며 우리에게 가장 관심이 많은 주택 정책에는 주택가격안정, 주택가격조사, 주택공급, 주택금융,

주택관리, 주거환경, 주거복지 등의 내용을 포함하는 것이다.

앞서 살펴본 것처럼 현 정부의 부동산 정책의 방향은 실수요자 중심의 안정적인 공급 지원 정책이라고 언급한 것처럼 국토교통부는 2014년 9월에 주택시장 활성화와 전·월세 시장 안정을 위한 규제 완화 방안을 발표했다. 이는 2014년 2월 임대차시장 선진화 방안, 2014년 7월 LTV, DTI 부동산 규제 완화에 이은 세 번째 부동산 활성화 정책이라고 할 수 있다.

이처럼 침체된 부동산 시장에 활기를 불어넣기 위한 노력이 지속되는 이유는 부동산 시장이 국가 경제에 미치는 후방 효과가 매우 중요한 역할을 하기 때문이다. 개인에게 부동산은 내 집 마련 또는 재테크 측면에서 부동산에 대한 관심이 특별하기 때문이기도 하다.

현재 진행되고 있는 정부의 부동산 정책의 패러다임을 살펴봄으로써 앞으로의 변화 방향을 가늠해보고 또한 개인의 내 집 마련과 재테크에 도움이 될 만한 세부 내용이 무엇인지를 구체적으로 살펴보자.

재건축 규제 완화를 통한 집값의 하락을 방지한다

재건축 연한을 준공 후 40년에서 30년으로 줄이며, 안전진단 기준 중 주거환경 평가 비중을 과거 15%에서 40%로 늘린다. 수도권 과밀억제권역 재건축사업에 대한 전용면적 85제곱미터 이하의 건설 의무도 폐지된다. 이는 신규공급이 줄어드는 상황에서 재건축을 통한 주택 공급을 유도하기 위한 정책 방향이라고 볼 수 있다.

부동산 투자에 관심이 있는 분들은 재건축 대상 아파트에 투자하는 것을 고려해 볼 수 있는데 이는 향후에도 특별한 대량 주택 공급 대안이 없는 한 지속될 것으로 예상되기 때문이다. 다양하게 바뀌고 있는 재건축 방법에도 관심을 가진다면 틈새 전략을 찾아볼 수도 있을 것이다.

청약제도를 단순화하여 주택 구입을 유도한다

이제까지의 청약제도는 주택 수요에 비해 주택 공급이 많이 부족했을 때 만들어진 제도로 투기 세력을 배제하고 실수요자에게 우선 주택을 공급하기 위한 것이라고 할 수 있다.

무주택자에게 주택 공급 우선순위를 주기 위하여 엄격한 자격 요건을 요구하고, 이를 편법적으로 활용하여 사회적으로 물의가 생기기도 했었다. 자격을 갖추기 위한 과정이 복잡하고 너무나도 엄격했기 때문이다.

1순위, 2순위로 나누어져 있는 청약 자격을 1순위로 통합하고, 현행 네 가지 청약통장(청약저축, 청약예금, 청약부금, 청약종합저축)을 청약종합저축통장으로 일원화한다. 순위 또는 순차별로 많게는 13단계에 걸친 청약자에 대한 국민주택 입주자 선정 절차도 3단계로 대폭 간소화한다. 이런 간소화 절차는 청약통장을 통해 내 집 마련에 관심을 가진 사람들에게 도움이 될 것이다.

공공택지의 공급 방식을 대규모 공급에서 유연한 공급으로 전환한다

지난 시절 주택 공급이 턱없이 부족했던 때에는 대규모 공공택지 공급을 통해서 대량 공급하는 시스템이었는데 현재의 주택 시장에는 적절하지 않는 방법이다. 또한 택지를 조성한 후 실제 공급하는 과정에 소요되는 시간이 길기 때문에 택지 공급이 진행되는 과정에 또 다른 택지 공급이 이어져 공급 과잉의 과정을 거쳐왔던 것이다.

이러한 택지 공급의 문제점을 해결하기 위하여 대규모 택지 공급 시스템인 택지개발촉진법을 폐지하고, 2017년까지 LH공사의 대규모 공공택지 지정을 한시적으로 중단한다. 또한 토지은행제도를 통해 민간의 택지 공급 시기도 조절하여 택지 수요가 일어날 때 유연하게 대응하겠다는 것이 그 핵심 내용이다.

서민의 주거 안정을 위한 대책이 시행된다

부동산 시장의 가격 안정성을 고려하고 부동산 경기도 유지하려면 서민의 주거 안정에 대한 견고한 대책이 병행되어야만 가능한 법이다. 현실적으로 주택을 매입할 수 없는 소비 계층이 상당한 상황이며, 주택 구입보다는 주택 임차를 선호하는 현상으로 전·월세 부담이 늘어나 어쩔 수 없이 가격이 저렴하지만 주거 환경이 열악한 고시원이나 쪽방 같은 비 주택에 거주하는 비중도 많다고 합니다.

2017년까지 최대 8만 호의 임대주택 리츠를 확대 공급하고 무주택 서민에 대한 디딤돌 대출 지원을 확대해 주택구입자금 마련의 부담을 덜어줄 것이라고 한다. 동시에 비 주택 거주자의 주거 안정을 위해 매입 또는 전세임대주택을 최우선적으로 공급하고 임대보증금의 부담도 줄여준다고 한다.

지난 30년간의 압축 성장을 이루어 오면서 부동산 시장에서는 많은 변화가 있었다. 부동산에 대한 수요가 감소했으며, 핵가족화 등의 사회적인 변화가 시작되었다. 하지만 이런 변화 속에서도 쉽게 바뀌지 않는 것이 온몸으로 학습된 부동산 불패의 신화였다. 그런 이유로 우리나라 국부의 대부분이 토지와 건물 등의 부동산에 묶여 있는 것이 현실이다.

좀 더 구체적으로 말하자면 성장의 시대에서는 크게 문제가 되지 않지만 앞으로 확실하게 예상되는 저성장 시대에는 부동산에 집중된 자본소득이 저성장의 기조 속에 부동산 경기가 하락하게 되면 결국 잃어버린 20년을 겪고 있는 일본의 전철을 끔찍하게 겪어야 할지도 모른다는 사실이다.

이 시점에서 이 책을 읽고 계시는 독자는 진지한 고민을 해야 할지도 모른다. 우리나라 경제 패턴이 일본과 유사하다는 말을 자주하고 있다. 그만큼 일본의 부동산 시장의 변화는 우리에게 특별한 점을 시사하고 있는 것이다. 본인의 가계 부채에서 부동산 담보 비중이 어느 정도인지를 파악하고 시장의 부동산 가치 하락에 따른 금융 부실에 대한 실질적인 대비가 필요한 시점이기 때문이다.

부동산 가치 하락에 따른 시장경제의 불황에 대한 엄청난 부담을 이미 가계경제에서 뼈저리게 느끼고 있는 EU국가들의 현실을 기억하고 충분한 시간을 가지고 미리 대비해야 할 것이다. 미리 준비할 수 있는 타이밍을 놓치면 충분히 예측할 수 있는 재앙을 피할 수 없다는 것을 반드시 기억해야 한다.

부동산 전문가를
곁에 두면 **도움**이 된다

> 특정 분야에 대한 탁월한 식견을 가진 사람을 전문가라고 한다. 부동산 투자를 판단할 때는 다양한 지식이 필요하다. 부동산에 관심이 있는 사람은 스스로 부동산 전문가가 되든지 아니면 믿을 수 있는 전문가를 곁에 두어야 한다.

대부분 사람은 일정한 재산이 있을 때 좀 더 안정된 마음을 가지며 삶을 영유할 수 있다는 말이 있다. 맹자에 나오는 말이다. 이는 동서 고금을 막론하고 통하는 내용이라고 생각한다. 이런 연유로 인해서 우리는 그 일정한 재산을 만들기 위해서 재테크에 관심을 가진다. 그 중에서도 부동산 재테크는 빼놓을 수가 없는 분야이다.

부동산을 통한 재테크는 이제 한물갔다는 말도 있다. 이 말의 속뜻은 과거처럼 집을 사기만 하면 그 집값이 천정부지를 오르던 때만큼의 기대를 할 수 없다는 것이다. 앞에서 글로벌 부동산 시장에 대하여 언급하였지만 재테크의 가장 큰 축은 예나 지금이나, 여기나 저기나 부동산임에는 틀림이 없다.

그러면 어떻게 부동산으로 그 일정한 재산을 만들어야 할 것인가?

‘알아야 면장을 한다’는 속담이 있다. 그 말뜻은 아는 만큼 보이고 보이는 만큼 얻을 수 있다고 해석하면 큰 무리가 없다고 본다.

일반인이 어떤 방법으로 부동산에 대하여 투자할 때 착오 없는 판단을 할 수 있는 만큼의 전문 지식을 얻을 수 있을까? 크게 나누면 두 가지 방법이 있다. 스스로 부동산 전문가 수준의 지식과 경험을 갖추는 방법과 언제든지 부동산 문제에 대한 믿을 수 있는 조언을 구할 수 있는 전문가를 가까이 하는 방법이 그것이다.

스스로 부동산 전문가가 되는 것은 일반인들에게는 그리 녹록한 일이 아니며 그런 노력을 한다고 해도 그 결과가 좋다는 보장도 없는 노릇이다. 주변을 둘러보면 어떤 사람은 본인의 알토란 같은 전 재산 전세보증금을 경매를 당하면서 백방으로 그 해결책을 연구하고 공부하는 과정을 통해서 경매 전문가 또는 부동산 전문가가 되어서 많은 부를 쌓았다는 사람이 있다. 현실적으로 불가능한 일은 아니지만 그 과정이 험난하다.

내 곁에 부동산 전문가를 두는 방법은 어떨까? 다양한 실무 경험과 이론적인 공부까지 겸비한 유능한 전문가를 곁에 두면 좋겠지만 그것은 어쩌면 더 돈이 많은 은행 PB센터 고객들에게 한정된 일이라고 하면 그저 섭섭할까 싶다.

현실적인 대안은 잘 아는 현업 공인중개사와의 좋은 인연을 들 수 있다. 물론 인간적인 친분 관계도 중요하지만 그 외에 두 가지 측면에서 신중한 고려를 해야 한다. 첫 번째는 그 공인중개사의 업무적 숙련도와 경험의 수준이다. 두 번째는 그 공인중개사에 대한 업무의 신뢰성이다.

믿을 수 있으면서 숙련된 업무 처리 능력을 가진 사람과 인연을 맺는 것이 그리 쉽지는 않다. 반드시 기억해야 할 것이 있다. 전문가는 어떤 부동산 투자에 있어서 족집게처럼 가격 차익을 얻을 수 있는 물건을 찾아주는 사람이 아니다. 그것은 사실상 투자 신의 영역이라고 할 수 있다.

전문가는 투자 과정에 있어서 투자자가 최악의 선택이나 꼭 피해야 할 것에 대한 충실한 조언을 해 줄 수 있는 사람이라고 보는 것이 정답이다. 추가한다면 투자 물건에 대한 판단의 근거를 전문가적 의견으로 덧붙일 수 있을 것이다.

그런 인연을 만나고 못 만나고는 각자의 노력에 달려 있기에 스스로 해결해야 한다. 투자자 본인도 그런 정도의 인간적인 신뢰와 노력을 같이해야 진정한 투자 결과의 시너지 효과를 기대할 수 있기 때문이다.

덧붙이면 주변에 건설회사 지인을 곁에 두는 것도 전문가를 곁에 두는 것과 다름이 없다는 것이다. 집을 짓다 보면 10년을 늙는다는 말이 있다. 그만큼 내 집을 스스로 짓는다는 과정이 쉽지 않다는 것을 시사한다. 가까이에 건설회사 지인을 두고 있다면 이런 과정을 조금 부담을 덜고 시작할 수 있다.

주택 시공에 대한 믿을 만한 견적 금액과 세부적인 내용, 시공 과정에서 필연적으로 만나게 되는 설계 변경, 자재 변경 등에 따른 금전적인 부담에 대하여 허심탄회하게 이야기를 나눌 수 있는 사람이 곁에 있다면 내 집을 짓는 과정이 그렇게 고된 것만은 아닐 것이 분명하다.

대학 동창도 좋고, 소개받은 모임의 건설회사 사람도 좋다. 서로에 대한 신뢰를 기반으로 오랜 시간을 같이할 수 있는 사람이라면 전원에서의 세컨드 하우스를 꿈꾸어보는 것도 충분히 가능한 일일 것이라고 생각한다.

부동산과 인터넷,
그 **한계와 가능성**을 이해해야 한다

> 알고는 있지만 가끔 간과하는 것이 있다. 인터넷을 이용하여 부동산 관련 많은 정보를 얻다 보니 부동산의 답은 현장에 있다는 사실을 잊어버리는 것이 그것이다. 부동산이 가지는 고유한 특성을 이해하면 그 이유를 알 수 있다.

우리 삶 속에서 부동산이라는 용어는 사실상 일상용어라고 해도 과언이 아니지만 그 부동산은 어떠한 특성을 가지고 있는지는 생각해보셨는지…. 그 특성 때문에 부동산을 보는 다양한 시각이 필요하기 때문이다.

부동산의 자연적 특성을 간단하게 구분하면 부동성, 부증성, 영속성, 개별성, 인접성으로 나눌 수 있다. 우선 부동성이란 부동산은 말 그대로 지리적 위치의 고정성으로 인해 인위적으로 이동시키지 못한다는 특성으로서 토지의 가장 큰 특징이라고 할 수 있다. 현실적인 토지의 유용성은 부동성으로 인하여 부동산이 위치한 입지에 따라 달라진다는 사실을 잘 기억해야 한다.

토지는 생산비나 노동력을 투입하여 물리적 절대량을 늘릴 수 없다는 특성이 바로 부증성이다. 현실적으로는 간척사업 등으로 토지의 물리적 절대량이 늘어나는 경우도 있기는 하지만 전체 면적에 비하면 미미한 수준이라고 할 수 있어 토지의 자연적 특성으로서 부증성에 는 변함이 있을 수 없다고 본다.토지는 물리적 측면에서 보면 사용이 나 시간의 흐름에 따라 소모, 파괴, 훼손, 마멸되지 않는다는 특성이 영속성이다. 동일한 토지 위에서의 인위적인 토지 활용에 따른 변화 는 있다 해도 토지는 영속성에 따라 소멸되지 않는다.

부동산은 지리적 위치의 고정성 때문에 물리적으로 볼 때 완전히 동 일한 토지는 있을 수 없다는 특성이다. 비슷한 속성을 가진 토지는 있 지만 그 토지의 형태, 위치, 면적 등의 측면에서 구분하게 되면 완전히 동일한 토지는 없기 때문에 토지는 각각의 모습을 지니게 되는 것이다.

이러한 토지의 자연적인 특성(부동성, 부증성, 영속성, 개별성) 중에서도 개별성에 관심을 가져보자. 인터넷 환경을 통하여 토지와 관련된 다 양한 정보를 얻을 수는 있지만 현장에 가보지 않고서는 그 토지의 형 태, 위치 등을 정확하게 판단할 수 없다는 점이 중요하다. 완전히 동 일한 토지는 없기 때문에 인터넷 환경이 발달함에도 불구하고 직접 손품이 아닌 발품을 팔아서 현장을 둘러보고 나서야 최종적으로 그 토지의 가치를 판단할 수 있기 때문이다.

토지의 개별성_인터넷시대에도 발품을 팔아야 하는 이유

토지의 개별성으로 인해 반드시 발품을 팔아서 현장에서 그 토지 에 대한 정보를 얻어야 한다고 말했지만, 인터넷에 떠도는 많은 정보 들의 검증에도 문제가 있기 때문에 손품보다는 직접 임장 활동을 해 야 한다고 생각한다.

인터넷을 통하여 현장에 가보지 않고서도 부동산 관련 서류 발급, 전자소송을 통한 소송까지 가능하다. 그럼에도 불구하고 부동산 고유 특성인 개별성과 인터넷을 통한 정보들의 검증 차원에서 부동산과 관련된 판단이 필요할 때에는 현장에서 그 답을 구하는 것이 무엇보다 중요하다.

그렇다고 해서 시대의 흐름에 역행해서 인터넷을 믿지 말거나 이용해서는 안 된다는 말은 더더욱 아님을 밝혀둔다. 언제 어디서나 누구든지 원하는 정보를 얻을 수 있는 컴퓨팅 환경(유비쿼터스)이다.

예를 들면 경매투자의 경우 부동산경매정보 유료사이트에 가입하여 접속하면 실시간 경매사건의 진행과 관련된 상당한 정보를 얻을 수 있다. 관심 물건에 대한 토지대장, 토지이용계획확인서, 지적도, 건축물관리대장, 경매사건 진행사항, 임차인의 배당신청 여부 등등이 현장에 가보지 않고서도 가능하다.

부동산의 답은 현장에 있다는 말을 다시 정리해 보자. 유비쿼터스 환경으로 인해 현장에 가보지 않고서도 인터넷을 통하여 부동산과 관련된 입력 정보는 사실상 얻을 수 없는 것이 없다고 말하는 것이 더 분명한 세상이다.

다만, 부동산은 다른 재화와 달리 특별한 자연 특성인 개별성으로 인하여 각각의 모습으로 존재하기 때문에 온라인을 통해 충분한 분석을 하고 난 후에는 그 부동산이 현장에서 생각하고 분석한 자료와는 달리 어떠한 형상으로, 어떻게 자리하고 있는지를 현장에서 확인하라는 의미이다.

부동산 광고는
어디까지 **믿어야** 할까?

> 이 세상은 팔아야만 살아남는다. 부동산도 예외는 아니다. 팔기 위해서 제품의 정보를 과장하는 경우가 태반이다. 일반 소비재는 꼼꼼히 따지면서 전 재산과 다름이 없는 아파트 광고는 그냥 믿는다. 부동산 광고, 어디까지가 사실일까?

광고란 광고주가 매체를 통해 의사 전달을 하는 단방향 의사소통 방법이며 광고를 접하는 고객의 구매 태도를 변화시키기 위한 목적으로 행하는 일련의 마케팅 활동이라고 정의할 수 있다.

그중에서 부동산 광고를 구체적으로 살펴보자. 아파트를 팔아야 할 건설회사 입장에서 볼 때 얼마나 빨리 파느냐에 따라 사업의 성패가 달려있다고 해도 과언이 아니기 때문에 아파트 브랜드 런칭 과정에 사활을 건다.

TV광고, 라디오광고, 전단지 배포, 판촉물 배포, 모델하우스, 내레이터모델, 분양도우미, 협찬상품, 상품설명회, 텔레마케팅, 부동산사무실 홍보, 거리 홍보 등 그 형태는 이루 말할 수 없이 다양하다.

이러한 아파트 광고의 홍수 속에서 고객은 어떤 정보를 어디까지 믿어야 하는 것일까? 아는 만큼 보이고 보이는 만큼 얻을 수 있다고 했다. 쏟아지는 아파트 광고 속에 숨어 있는 진실을 볼 수 있는 만큼 보다 내게 적합한 아파트, 보다 향후에 가격이 덜 떨어질 수 있는 아파트를 고를 수 있다는 사실을 기억하자.

예를 들면 모델하우스에 가서 관심 있는 아파트의 내부를 구경하다 보면 구매 욕구가 급상승하는 것을 느끼는 것이 일반적이다. 좋아 보이는 인테리어 소품 아래에 붙어 있는 코멘트(일명 오리발)를 잘 보시면 생각이 달라질 것이다. '이 제품은 전시용입니다'라는….

현재는 아파트 평면상 내부 면적을 계산할 때 적용하는 기준은 안목 수치이다. 말 그대로 벽 내부에서 건너편 벽 내부까지의 거리를 계산해서 면적을 따지는 것이다. 일부 아파트 모델하우스에서는 그 면적을 일일이 계산하는 사람이 없다는 것을 알고 실제 분양하는 아파트 면적보다 좀 더 넓은 면적의 모델하우스로 고객의 판단을 흐리게 하는 경우도 있다.

분양 광고를 통해서 아파트를 계약하고 사용 승인을 받아 입주를 했는데 광고 내용과 상당한 차이가 있다면 이를 어떻게 해결해야 할 것인가? 허위 광고로 인한 피해의 구제 방법은 다음과 같다.

분양 계약의 취소를 할 수 있다

아파트 분양 계약과 관련하여 계약자의 중대한 과실 없이 분양 계약 내용의 중요 부분에 착오가 있는 경우에는 분양 계약을 취소할 수 있으며, 허위 과장된 내용일 경우에는 사기에 의한 의사표시로서 분양 계약을 취소할 수 있다. 이로 인해 계약을 취소하는 경우에는 처음부터 무효인 계약이므로 이미 지급한 분양대금을 반환받을 수 있는 것이다.

손해배상의 청구를 할 수 있다

주택건설업자가 분양 계약의 내용에 따른 이행을 하지 않는 경우에는 손해배상을 청구할 수 있다. 일반적으로 건설에 직접 참여하는 회사가 시공사이고, 분양 업무를 책임지는 분양계약서상의 분양회사를 시행사라고 한다.

아파트 분양 광고가 허위 과장된 내용일 경우 광고에 대한 책임이 있는 시행사에 원칙적으로 불법행위로 인한 손해배상책임을 물을 수 있고, 그러한 사정을 알았거나 알 수 있었던 시공사에도 손해배상책임을 물을 수 있다.

기타의 경우를 할 수 있다

공정거래위원회에서는 아파트 허위 광고에 대한 경고, 시정 명령, 신문 공표 및 과징금 등의 별도를 조치하고 있으니 분양받은 아파트와 분양할 때의 광고 내용과 차이가 있으면 적극적으로 하면 된다.

부동산 광고에는 현혹되는 내용과 과장된 내용이 있을 수 있음을 인지하고 모델하우스의 경우에는 직접 캠코더 등을 가지고 가서 촬영을 하는 방법을 이용하거나, 토지의 경우 궁금한 사항은 직접 해당 관청 담당부서에 직접 확인하는 것이 꼭 필요하다.

전·월세, 내 집 마련으로 가는 교두보로 활용한다

> 한때 내 집 마련은 평생을 통해서 반드시 이루어야만 하는 지상 과제처럼 여겨졌었던 것이 사실이다. 그러나 세상은 변하기 마련이다. 지금 사회생활을 시작하는 세대들은 주택을 소유의 개념이 아니라 이용의 개념에서 받아들이고 있다.

새로운 트렌드, 집을 과연 사야만 하는 것인가?

정부기관에서 엄선한 지표들을 통해서 사회, 경제, 문화 등 다양한 방면에서의 우리나라 현 위치를 보여주는 e-나라지표가 제공되고 있다. 국가 공식 승인 통계자료인 셈이다. 이에 근거하여 국토교통부가 제공하는 2013년 전국 주택 보급률은 103%라고 한다. 통계상으로는 이미 우리나라 전 세대가 모두 주택을 보유하고 있다는 의미이다. 그렇지만 현실은 전혀 그렇지가 않다.

보도자료에 의하면 우리나라 상위 1% 부자가 보유한 부동산 공시가격이 전체의 16%에 이른다고 한다. 이는 놀랍게도 하위 55.6%가 보유한 것과 맞먹는 금액이어서 계층별 자산 양극화를 극명하게 보여준다. 부동산 부문에 있어서는 넘어설 수 없는 벽이 있다는 것이 사실이다.

5포 세대라는 말을 들어본 적이 있다. 청년 실업률이 점점 늘어나면서 연애, 결혼, 출산, 취업 그리고 주택 구입을 포기하는 청년세대를 말한다. 주택 구입을 각자의 소신에 따라 주택 구입을 하지 않는 것이 아니라 구입할 여력이 없다는 암울한 청년실업의 시대상을 나타내고 있는 지표이다.

이런 마당에 집을 과연 사야 할 것인가? 과거에는 인생의 필수품이었지만 이제는 소신에 따라서라고 말하는 것이 합리적이라고 본다. 그럼에도 불구하고 집을 사든지 아니든지 간에, 혼자 살든지 결혼을 하든지 간에 내가 거주할 공간은 반드시 필요하다. 아마도 그 시작은 월세 또는 전세가 아닐까 싶다.

내 집 마련, 그 시작은 전세 또는 월세이다

돈 많은 부모님으로부터 충분한 경제적 지원이 가능하다면 모르겠지만 대부분 수요자들이 월세로 출발하는 것이 일반적이다. 월세라고 하면 통상 말하는 보증부 월세를 말하는 것이다. 보증금 얼마에 월세 얼마인 셈이다. 보증부 월세의 경우 법으로 규정된 것은 없지만 통상 보증금으로 월세의 몇 개월 치를 예치하는 수준에서 금액이 정해진다.

국토교통부 국책기관인 국토연구원이 발표한 자료에 의하면 임대차 시장에서 실제 계약이 이루어지는 빈도는 보증부 월세, 전세, 순수 월세 순이라고 한다. 현 정부에서도 실수요자 중심의 주택 정책을 운용하겠다고 한다. 최근에 기업형 임대주택이 바로 그것이다.

대학생활을 하든지, 첫 직장생활을 하든지 대부분은 보증부 월세에서 시작하는 것이 일반적이므로 적어도 이와 관련된 기본 상식은 알고 있어야 알토란 같은 보증금이나 월세를 떼이지 않을 것이다. 직장생활의 연한이 늘어남에 따라 연봉이 올라서 감당할 수 있는 보증금의 규모도 늘어날 것이다. 이 보증금을 잘 관리하여 나중에 집을 사는 데 종잣돈으로 사용하든지, 아니면 소신대로 집을 이용의 개념으로도 충분하다면 생활의 질을 높이는 데 사용해도 좋겠다.

소중한 내 보증금, 임대차보호법을 알면 된다

주택임대차보호법이란 국민 주거생활의 안정을 보장함을 목적으로 주거용 건물의 임대차에 관하여 민법에 대한 특례를 규정한 법률이다. 이는 민법의 전세권이나 임대차 계약의 규정들이 현실과 유리된 면이 있으므로 경제적 약자인 임차권자의 권리를 현행 민법으로써 보호하기 어려운 면을 보완하기 위한 취지에서 제정된 특별법이라고 할 수 있다.

이 말을 풀어서 쓰면 이렇다. 경제적 약자인 사람은 주거생활의 안정을 보장받기 위해서는 특별법으로 만들어진 주택임대차보호법을 잘 알아두면 주거생활에 큰 문제가 생기지 않을 수 있다는 말이다. 냉정한 말이지만 권리 위에 잠자는 사람은 법에서 보호하지 않는다.

1981년 3월 5일 시행되어 수많은 시행착오와 서민들의 아비규환의 대가로 현재의 법률에 이르렀지만 경제적 약자는 늘 아쉽기 마련이다. 내 집 마련은 고사하고 수많은 사회 초년병들이 목숨보다 중요하게 여기는 보증금을 날려서 하소연할 곳도 없이 망연자실한 경우를 많이 보았다.

임차인이라는 이름으로 불리는 모든 사람들에게 고한다. 더도 말고 덜도 말고 전세나 월세를 사는 동안만이라도 주택임대차보호법은 잊어서는 안 된다. 가능하다면 계약 전에 한 15일 정도 시간을 내어서 심도 있는 학습을 하면 평생을 두고 활용할 수 있다. 누군가가 알아서 해 주겠지 하다가는 생각지도 못한 낭패를 당할 수 있다. 말했지만 스스로 부동산 전문가가 되든지, 주변에 신뢰할 수 있는 능력 있는 전문가를 친구로 두든지 그것도 아니라면 전세 사는 동안에는 내 전 재산을 지킬 수 있는 법적 힘을 키우기 위해서 주택임대차보호법을 반드시 숙지해야 한다.

첨언하자면 그 법률을 이해하고 현실에 적용할 수 있는 정도의 공부를 위해서는 생각보다 많은 노력을 들여야 한다. 이 법률을 자세히 들여다보면 부동산학개론, 민법, 부동산경매, 건축법 등등 공부하면 할수록 쉽지 않다는 것을 금방 알게 될 것이다.

따님을 두고 있어 장차 사위를 두게 될 분들에게 한 가지 제안을 한다. 잘 아시는 것처럼 '신언서판'이라는 한자어가 있다. 중국 당나라 때 관리를 등용하는 시험에서 인물 평가의 기준으로 삼았던 네 가지 덕목을 말한다. 용모, 말씨, 글씨, 판단력이 그것이다. 모두 중요한 덕목이지만 애지중지 키운 딸이전세보증금을 날려서 길거리에 나앉게 하지 않기 위해서는 하나 더 추가하면 좋겠다. 예비 사위가 주택임대차보호법에 대하여 충분하게 숙지하고 있는지를 확인해 보아야 할 일이다.

전·월세, 어떤 집을 구해야 맘이 편할까?

집을 계약하기 전에 최소한 사는 동안만이라도 편하게 살기 위해서는 따져봐야 할 것들이 있다. 주택 여건, 주변 환경, 교통 여건, 학교 여건, 여가생활 가능 여부 등이 그것이다. 만점 주택은 없지만 최소한 스트레스는 받지 말아야 하기 때문이다.

내 집을 계약하는 것은 아니지만 전셋집을 구하는 데에도 이것저것 따져봐야 하는 이유가 있다. 그것은 한 지역에 정착을 하게 되면 아이들 학교 문제 등으로 특별한 사정이 없는 한 10여 년을 눌러앉게 된다는 점이다. 초등학교 6학년, 중학교 3학년, 고등학교 3학년을 합하면 12년이다. 성장하고 있는 아이들의 정서상 가능하면 전학하는 것을 일반적으로 피하기 때문이다.

정들면 고향이라고 한다. 그럼에도 불구하고 어디에서 시작하든지 간에 꼭 짚어 보아야 할 전셋집을 구할 때 살펴보아야 할 내용을 정리한다.

먼저 살 집에 대하여 꼼꼼하게 살펴보자.

살고 있는 방이 좁아서 증축을 하여 지출한 비용, 없었던 담장을 새로 축조했을 때의 비용, 수도시설의 설치 비용, 주택의 이중창 설치 비용, 방범창의 설치 비용, 실개천의 복개 비용 등은 과연 임대인이 해주어야 하는 것일까 아니면 임차인이 부담해야 하는 것일까? 주택의 경우 기본적인 수도설비나 전기시설, 보일러 등 거주의 목적으로 지출한 비용은 누가 부담을 해야 하나? 임대인이 부담해야 하는지 또는 임차인이 부담해야 하는지 애매한 부분은 전세 계약을 할 때 그 부담 여부에 대하여 특약사항으로 기재하면 좋겠다.

살 집이 결정되면 미리 그 집에 대해 요모조모 따져보아야 한다. 특히 사는 동안 그 비용의 부담을 누가 해야 하나 하는 문제를 가능한 한 입주 전에 임대인에게 고쳐주는 조건으로 계약을 하는 것이 좋다.

특히 보일러 등 난방시설, 수도시설, 싱크대, 화장실, 욕실 등 입주 전에 실제 가동을 해서 문제가 없는지 체크하고 혹시라도 마음에 들지 않는 것이 있다면 전세보증금을 조정하더라도 미리 임대인에게 수리를 요청하는 것도 좋은 방법이다.

주변 환경이 맘에 들면 정도 빨리 든다

집 자체에 대한 체크 못지않게 중요한 것이 주변 환경이다. 주변 환경이라는 범주에 포함될 수 있는 것을 꼽자면 시장, 마트, 병원, 은행 등 일상생활에 필요한 도시생활 인프라가 잘 갖추어진 곳이 좋겠다. 도보권 내에 이런 시설이 있다면 마실 가듯이 필요할 때 이용할 수 있어 살면 살수록 정감이 간다.

교통 여건이 좋으면 전세를 다시 내놓을 때 잘 나간다

도시생활에서 임대주택 가격에 가장 큰 영향을 미치는 것이 바로 교통 여건이다. 특히 걸어서 다닐 수 있는 거리에 전철이 있든지, 버스 정류장이 있다면 특히 그렇다. 남편의 통근 여건은 화목한 가정을 유지하는 데 큰 요소라고 할 수 있다. 통근 여건이 좋을수록 남편의 출퇴근 시간이 일정해져서 가족과 함께할 수 있는 일정한 시간을 확보할 수 있기 때문이다. 만약 교통 여건이 좋지 않아 기차를 타고 출퇴근을 장시간 해야 한다면 그것만으로도 남편은 파김치가 되기 때문이다.

학생을 둔 집에서는 학교 여건을 살펴보아야 한다

학교까지 걸어서 안전하게 접근할 수 있는지, 학교 통학 길에 유해업소는 없는지, 최단거리 내에 초·중·고교를 모두 이용할 수 있으면 더욱 좋다. 방과 후 학습 여건도 중요하고, 원하면 인근에 필요한 과목을 보충할 수 있는 학원이 가까우면 좋겠다.

여가생활 여건이 좋으면 생활이 풍부해진다

인근에 이용하기 불편함이 없는 산책로, 시민공원, 강변, 뒷동산 등이 있으면 가족들과 멀리 나갈 필요가 없다. 주중에 쌓인 스트레스를 가벼운 운동을 하면서, 또는 이런저런 이야기를 나누면서 편안한 마음을 유지할 수 있기 때문이다.

현실적으로 특별히 손을 볼 것이 없는 깨끗한 집, 생활 인프라가 좋은 집, 학교를 걸어서 다닐 수 있는 집, 직장까지의 출퇴근이 부담 없는 집, 주말이면 걸어서 가볍게 산행을 할 수 있는 여건을 갖춘 그런 집은 기대하기가 쉽지 않다. 준비된 전세보증금에 맞추어서 집을 구해야 하기 때문이다.

적은 돈으로 살기 좋은 집을 기대할 수는 없겠지만 충분한 발품을 팔아서 일상생활을 유지하는 데 가능한 많은 조건 충족이 되는 그런 집을 구하면 좋겠다는 생각에서 따져봐야 할 것들을 살펴보았다.

전·월세, 보증금 안전장치는 무엇이 있나?

> 초보자가 부동산 계약을 하는 것은 늘 부담스러운 일이다. 사회 초년생에게 전세보증금은 큰돈이다. 전세보증금을 안전하게 지킬 수 있는 노력이 필요하다. 전세보증금을 안전하게 지키기 위해 기억해 두어야 할 내용을 알아본다.

현장에서 보면 전세 계약은 그냥 대수롭지 않게 진행되는 경우를 종종 보게 된다. 어떤 문제가 발생할 수 있는지에 대해 생각하지 못하는 것이다. 물론 계약과 관련된 법을 모르기 때문인 것이다. 아는 만큼 보인다고 강조했다. 전세보증금을 안전하게 지키는 방법과 전세 계약 관련해서 알아두어야 할 내용은 다음과 같다.

전세 계약은 반드시 실제 소유자와 진행해야 한다

부동산 계약을 할 때에는 반드시 실제 소유자와 계약을 해야만 피해를 방지할 수 있다. 소유자와 계약을 하지 않을 경우에는 계약 자체가 무효가 되거나 계약금을 찾을 수 없는 경우도 생긴다. 하지만 전·월세 계약의 경우 실무에서는 부동산 사무실에서 소유자를 대신해서 계약하는 경우가 많다.

물론 해당 부동산 사무실의 공인중개사가 소유자로부터 전·월세 계약과 관련된 위임을 받았는지는 확인하지도 않는다. 부동산 사무실에서는 그냥 이렇게 한다, 라고 막무가내로 말하면 할 말을 못하는 경우가 대부분이다. 특히 요즘과 같이 전세 물량이 달리는 경우에는 더욱 그렇다.

계약은 반드시 등기부등본상의 소유자와 하여야 한다. 그렇지 아니한 경우에는 계약과 관련된 위임 여부를 서류를 통해서 확인해야 한다. 예를 들면 주택의 소유자가 남편이라고 해도 부인과 계약을 할 때에는 계약과 관련된 위임서류(소유자의 위임장과 위임용 인감증명서)를 확인하고 계약을 해야 하는 것이다.

부부 관계라고 해도 부동산 계약에서는 일상 가사의 범위를 벗어나는 중대한 행위이기 때문에 대리권의 부여가 필요한 것이다. 공인중개사가 소유자를 대신하는 계약은 더욱 그러하다.

전세 계약 관련 입금은 소유자의 은행 계좌를 이용한다

계약 현장에서 보면 부동산 사무실에서 전세 계약을 하고 나서 계약금 등으로 임대인과 임차인 간의 금전이 수수된 경우에 공인중개사가 대충 영수증을 발행하는 경우가 있을 수 있다. 만약 임대인이 영수증을 분실하였다고 하면 이를 입증하기 위해서는 번거로운 절차를 거쳐야 할 것이다.

이러한 일을 예방하기 위해서 부동산 계약을 진행할 경우 임대인(소유자)의 은행 입금계좌를 이용하면 편리하다. 현장에서 금전을 수수할 필요 없이 전세 계약을 체결하고 계약금은 현장에서 온라인 송금을 하면 그 자체로 입금증이 되어 분실의 여지가 없기에 분쟁의 여지도 없는 것이다. 중도금 또는 잔금의 경우에도 마찬가지이다.

실무적으로는 매매계약서상에 특약사항으로 기재하여 전세 계약과 관련된 금전의 수수는 계약서에 기재된 소유자의 입금계좌를 통해서만 거래하여야 효력이 있다, 라는 명시를 하는 것이 일반적이다.

이는 어떠한 경우에 정상적인 계약 과정에서 소유자가 계약의 진행을 방해할 목적으로 입금을 거부할 경우에도 임차인 입장에서는 계약 진행이 가능하다는 장점도 동시에 있다.

가능하면 중개업소에서 계약을 하기를 권한다

온라인 부동산 거래가 활성화되면서 부동산 직거래가 많이 활용된다. 매매 계약이 아닌 전·월세 계약인 경우에는 더욱 그렇다. 물론 전·월세 계약 당사자(임대인과 임차인) 모두 계약과 관련된 일정 수준 이상의 계약 관련 법 지식이 있고 이를 스스로 진행할 수 있다면 문제가 없다. 그러나 현실에서는 그렇지 않다. 직거래를 통하여 전세 계약을 한 뒤에 계약상의 하자가 발생할 경우에는 스스로 책임을 져야 하기 때문이다.

초보자의 경우에는 부동산 사무실을 통하여 계약을 하는 것이 좋다. 계약과 관련된 문제를 애초부터 발생하지 않도록 할 수 있으며, 계약 관련 하자가 발생한다고 해도 이를 대부분 부동산 사무실을 통하여 해결할 수 있기 때문이다. 또한 계약서류 중의 하나인 부동산 사무실 공제증서를 통하여 일정 요건이 충족되면 손해배상책임을 공제조합이나 서울보증보험을 통하여 보장받을 수 있기 때문이다.

계약서에 있는 특약사항을 적극 활용한다

일반적으로 부동산 사무실에서 전·월세 계약을 진행할 경우 공인중개사협회에서 제공하는 표준계약서를 사용하게 된다. 말 그대로 표준계약서이기 때문에 특별한 계약의 조건이 발생하면 이를 특약사항으로 기재한다.

특약사항은 계약 당사자 간의 특별한 약속이기 때문에 표준계약서상의 일반적인 계약조항에 우선하는 효력이 있다는 사실을 기억하고 전세 계약 시 주택의 하자, 권리의 하자 등에 대하여 협의한 내용이 있을 경우 꼭 기재하도록 한다.

전세금보증보험을 이용할 수도 있다

전세금보증보험은 일종의 전세금 보호장치이다. 만약 임대인이 전세금을 제때에 전세금 반환 사유가 발생하였음에도 돌려주지 않을 경우에 전세금을 대신 지급해주고 보험사는 집주인에게 전세금을 청구하는 제도이다. 일반적으로 알고 있는 보증금 안전장치의 하나인 전세권 설정등기의 경우에는 집주인의 인감증명서, 등기권리증 등을 제출해야 하기 때문에 사실상 집주인의 동의를 받지 못하는 경우가 대부분인데 전세금보증보험의 경우에는 집주인의 동의 없이도 상품에 가입할 수 있어서 편리하다.

민간회사인 서울보증과 정부 주도의 대한주택보증 등을 통해서 가입할 수 있는데 서울보증보험의 전세금보장신용보험과 대한주택보증의 전세보증금 반환보증보험이 그런 상품이다. 대한주택보증은 입주일(확정일자 취득일)로부터 1년 이내, 계약 기간 2년 이상의 전세 계약이 가입 대상이고, 서울보증보험은 임대차 계약을 맺은 날로부터 5월 이내에 가입할 수 있다. 두 곳 모두 반 전세(보증금이 있는 월세 계약)도 가입이 가능하다.

전세금보증보험의 가입 방법은 대한주택보증은 우리은행과 업무협약을 통해 우리은행 전 지점에서 관련 제도를 신청부터 발급까지 원스톱으로 제공한다. 우리은행이나 대한주택보증 전용콜센터 또는 홈페이지를 이용하면 편리하다. 서울보증은 홈페이지를 통하여 지점에 방문하지 않고 온라인을 통해 가입이 가능하다.

전세권 등기를 요청할 수도 있다

실무적으로는 등기부등본상에 선순위 담보금액이 부담스럽지 않은 경우에는 비용이 거의 들지 않고 간편한 확정일자를 통해 전세금 안전장치로 활용하는 경우가 많다. 간혹 확정일자보다 전세권 설정을 선호하는 사람이 있다.

전세권 설정은 임대인의 동의가 있어야 하고, 일정한 등기 비용이 발생하며, 전세 만료 후에는 전세권 말소등기를 해주어야 한다. 전세권 설정을 하였을 경우 전세보증금을 받지 못했을 경우에는 바로 경매를 신청할 수 있는 장점이 있다. 이에 비해 확정일자의 경우에는 비용이나 절차가 간소하지만 임차권 등기를 한 후에 이에 기한 확정판결을 받고 나서야 경매를 통해 보증금을 받아낼 수 있다는 점이 다르다.

매매 계약이 아닌 전·월세 계약에도 따져 보고 확인할 사항이 많이 있다. 서민들 입장에서는 중요한 재산이므로 소홀할 수 없기 때문에 번거롭더라도 충분히 알아보고 계약 내용에 대하여도 확인한 다음에 신중하게 계약하는 것이 필수적이다.

전·월세, 스스로 **확인해야 할**
내용은 무엇이 있나?

> 직거래를 하든지 또는 중개업소를 통해서 계약을 하든지 공통적으로 확인해야 할 사항이 있다. 전문 지식이 필요한 것이 아니니 가능한 온라인 또는 오프라인을 통해서 직접 확인해 보는 것이 좋겠다.

이제 막 대학교 새내기가 된 청년이 있다. 정들었던 시골을 떠나 서울에서의 생활을 준비하기 위해서 살 집을 찾으려 하고 있다. 우선 합격한 대학교에서 제공하는 정보를 중심으로, 선배들의 조언을 근거로 하여 찾아본다. 마땅한 물건을 찾지 못하면 결국 학교 앞에 있는 중개업소 또는 싼 집을 찾기 위해 통학을 생각한다면 좀 멀리 있는 중개업소를 방문하게 된다.

경험이 없기에 무턱대고 중개업소를 들어가 보고서는 이런저런 이유로 놀라게 된다. 생각했던 예산으로는 원하는 주택을 찾기 쉽지 않기 때문이다. 입학 시즌에는 공급은 한정되어 있는데 수요가 몰려 가격도 오르기 십상이다. 가끔 보이는 저렴한 물건은 어떤 문제가 있을지 몰라 선뜻 계약하기가 부담스럽다.

사회 초년생이 계약 전에 알아두어야 할 내용을 요약한다.

발품과 손품을 팔아 예산 범위 내의 물건을 선정한다

인터넷 환경으로 바뀌면서 온라인상으로 전·월세 물건을 직접 확인할 수 있는 곳이 많아졌다. 유의해야 할 사항은 온라인상의 매물 중에는 속칭 미끼 매물이 있을 수 있다는 것이다. 허위 매물 내지는 가짜 매물인 경우를 말한다. 온라인으로 확인한 다음 실제 물건이 있는지 여부를 꼭 확인한다. 이런 과정을 통해서 몇 개의 물건을 선정하였다면 다음으로 발품을 팔아야 할 단계이다.

관심 물건이 있는 곳으로 가서 주변 환경을 살펴본다

온라인상의 매물들을 설명하는 사진과 매물 안내는 실제와 다를 수 있음을 기억해야 한다. 사진은 속칭 얼짱 각도를 통해서 가장 보기 좋은 면만을 부각하여 올려 놓는다. 매물 안내에는 일단 고객의 방문을 유도하기 위하여 사실관계보다는 부풀려 설명하는 내용이 많다.

직접 현장으로 달려가서 그 집에서 살기 시작했다는 마음으로 실생활 시뮬레이션을 시도해 본다. 아침에 가서는 학교까지의 교통 여건을 확인해 본다. 주말에도 방문하여 평일과의 다른 사항들 체크해 본다. 저녁 시간에는 주변이 얼마나 번잡한지도 따져 본다. 걸어서 갈 수 있는 마트나 시장에도 가보아도 좋다. 이런 과정을 통해서 그 물건의 장단점을 파악할 수 있다.

전·월세 실거래가를 통해 가격을 최종 확인한다

포탈사이트 검색창에 '국토교통부 실거래가'라고 검색을 해 보자. 국토교통부에서 제공하는 아파트 실거래가, 다세대 및 연립 실거래가, 단독 및 다가구주택 실거래가를 분기 단위로 제공하고 있다. 관심 물건에 대하여 실거래가를 확인하여 실제 어느 정도의 거래량이 얼마의 가격으로 거래되고 있는지를 파악해 본다.

거래 물량과 거래 가격 분석은 계약 기간이 만료된 후에 새로운 계약자를 얼마나 신속하게 구할 수 있을지를, 어느 정도의 가격으로 구할 수 있을지를 가늠해 볼 수 있는 바로미터이다.

스스로 관련 서류를 발급받아 살펴본다

관심 부동산에 대한 등기부등본을 발급받아서 표제부, 갑구, 을구의 기재사항을 살펴보고 궁금한 것들을 메모한다. 건축물대장을 발급받아 기본적인 건축사항을 체크하고 불법건축물 여부를 확인한다. 모르는 것은 모르는 대로 열심히 메모해 둔다.

최종 낙점한 물건을 중개업소를 통해 계약한다

혼자 힘으로 인터넷을 통하여 몇 개의 진성매물을 찾아 내었고, 현장을 방문하여 이 집에서 살게 되었음을 전제로 실제 통학 거리를 체크하고, 걸어서 마트를 이용해 보고 또한 주말에는 어떤 분위기가 되는지도 직접 확인해 보았다.

실거래가를 확인하여 집을 내놓을 때에도 제 가격에 잘 나갈지도 살펴보았다. 스스로 등기부등본과 건축물대장 등의 서류를 발급받아 잘 모르지만 요리조리 살펴보고 모르는 부분은 꼼꼼하게 메모를 해 두었다.

초보자가 부동산 지식이 전무한 상태에서 전·월세 주택을 구하는 과정을 통해서 거쳐야 하는 내용이다. 이제는 나름 공부한 상태에서 그 물건을 광고하고 있는 해당 지역의 중개업소를 방문하자. 그리고 메모한 내용을 충분히 문의해 본다.

아마도 이러한 과정을 몇 번 반복하다 보면 적어도 전셋집을 구하면서 생길 수 있는 용어, 온라인 활용법, 현장을 확인하는 방법 등에 대해서는 어느 정도의 경험이 축적되는 것이다. 그리고 중개업소 방문 상담을 통해서 알게 된 계약 정보, 생활 정보를 추가하여 정리해 둔다면 실전 경험을 더욱 늘어날 것이다.

조금 시간적 여유를 가지고 이렇게 월셋집 시뮬레이션을 하다 보면 부동산 계약에 대하여 전무했었던 자신이 좀 더 부동산 공부를 더 해보고픈 마을이 들게 될 수도 있을 것이다. 그런 과정을 통해서 세상 사는 방법을 조금씩 알아가고 있음을 자랑스럽게 느끼게 될 것이다.

전·월세지원센터, 초보자에게 빛과 같은 존재이다

초보자가 살 집을 구하기 위한 일련의 시뮬레이션을 통해서 우격다짐 식으로 부동산 전세 계약 과정을 살펴 보았지만 현실에서 이런 일은 말 그대로 답답하기 그지없을 것이다. 이러한 심정을 잘 알고 궁금한 사항을 경제적 약자인 세입자 입장에서 실무 정보를 제공해 주는 곳이 있다. 바로 '전월세지원센터'가 그곳이다.

국토교통부 산하 한국토지주택공사 전월세지원센터는 부동산 시장의 안정 특히 전·월세주택 주민의 주거 불안 해소와 안정적인 주거생활을 위한 정책 과제로서 전월세지원센터를 설립했다.

센터에서는 무주택 국민들이 전·월세를 구하면서 필요로 하는 정보를 인터넷과 전화, 방문 상담 등 다양한 방식을 통해 제공하고 국민의 고충을 덜어주는 역할을 하고 있어 부동산과 관련된 계약 경험이 없는 사람도 몇 번의 상담을 통해 큰 도움을 받을 수 있는 것이다.

메인 메뉴인 전세임대, 대학생전세임대, 온라인상담, 전월세정보를 통해서 해당 물건의 공급 정보, 필요한 서식, 시세 정보, 물건 분석 방법 그리고 법률 상담과 금융 상담을 지원하고 있다. 좀 더 공부하고자 하는 부분에 대하여는 법률과 판례 해설을 추가해서 확인할 수 있다.

또한 홈페이지에서는 전·월세 계약 전 유의사항, 임대차 계약서 작성 시 유의사항, 입주 시 유의사항, 재계약 시 유의사항 그리고 계약 만료 시 유의사항을 순차적으로 설명하고 있다. 등기부등본상 근저당 등의 권리등재 및 채권확보 여부 확인을 실시간으로 확인할 수 있으며, 전입신고와 동시에 확정일자를 바로 받을 수 있도록 링크가 되어 있어 편리하다.

어떤 경험이든 간에 처음에는 막막하고 어렵다. 부동산 계약은 더욱 그렇다. 스스로 계약 시뮬레이션에 따라서 현장에서 그 답을 구하는 경험은 실제 계약에서 많은 것들을 편하게 만들어 준다. 아는 만큼 구할 수 있다. 모르는 것이 있으면 한국토지공사의 전월세지원센터를 충분히 활용한다면 이는 든든한 부동산 전문가를 곁에 두는 것과 같은 효과를 볼 수 있어 매우 유용하다.

전·월세, 주택임대차보호법을 알아야 한다

> 13개의 조문으로 구성된 주택임대차보호법을 제대로 공부하는 것은 전문가의 영역이다. 관련 법률은 물론 판례를 통한 실제 사례가 너무나도 많기 때문이다. 초보 임차인이 꼭 암기해 둘 핵심 사항만을 정리해 보자.

앞서 알아본 것처럼 주택임대차보호법은 13개의 법 조항으로 구성되어 있다. 이 중에서 임차인이 반드시 기억해야 할 중요 내용이 있다. 아무런 문제가 없는 전세 계약이란 합의된 금액으로 계약 목적에 따라 잘 살다가 정해진 시기에 임대인으로부터 보증금을 돌려받고 동시에 그 살던 집을 반환하면 된다.

그런데 문제는 정해진 시기에 보증금을 돌려받지 못한다든지, 집주인의 경제적인 문제로 인해 임차주택에 대한 경매가 진행되어 임차인으로서 불의의 상황에 당면하게 될 경우가 있다. 임대차 기간, 임대차 계약의 갱신, 임대차 계약의 해지 등 적용 범위, 대항력 등 살면서 생기는 문제들도 있을 수 있다.

임차인이 알아 두어야 할 주택임대차보호법의 키워드를 정리해 본다.

적용범위

주택임대차보호법은 주거용 건물의 전부 또는 일부의 임대차에 관하여 적용된다. 그 임차주택의 일부가 주거 외의 목적으로 사용되는 경우에도 또한 같다.

이 말뜻은 비 주거용 건물에 주택의 목적으로 일부를 사용하는 경우에는 주거용 건물이라 할 수 없고, 이때는 법의 보호를 받을 수 없다는 것이다. 주거용 건물에 해당되는지의 여부는 실제 용도에 의해서 정해진다. 건축물대장상의 용도가 절대 기준이 아니라는 점을 기억해야 한다.

실지 용도가 주거용 건물인 경우에는 그 주택이 등기, 미등기, 무허가건물, 가건물이라 하더라도 경제적 약자인 세입자를 위해 법의 보호를 받을 수 있는 것이다.

대항력 등

임대차는 그 등기가 없는 경우에도 임차인이 주택의 인도와 주민등록을 마친 때에는 그다음 날부터 제삼자에 대하여 효력이 생긴다. 이 경우 전입신고를 한 때에 주민등록이 된 것으로 본다.

임차인에게 가장 중요한 조항이라고 할 수 있다. 집주인의 동의 없이 스스로 일정 행위를 통해 전셋집을 자유롭게 사용하고 보증금을 지킬 수 있기 때문이다. 이를 위한 대항력이 생기기 위한 요건이 필요하다. 먼저 주택 임대차가 유효하게 존재해야 한다. 계약상의 하자가 없어야 한다는 뜻이다. 임대차 계약서를 임차인이 허위로 작성한 경우에는 적용되지 않는다는 뜻이다.

주민등록은 전입신고를 한 때에 한 것으로 보는데, 일부 가족들만 전입신고를 해도 주민등록이 된 것이다. 다만 전입신고를 하고 그 임차주택에 문제없이 거주하다가 계약 기간 중에 가족 전부가 다른 곳으로 주소를 옮겼다가 다시 그 임차주택으로 오게 되면 다시 전입신고를 한 다음 날에 대항력이 새로이 생긴다는 점이다. 주민등록은 대항력의 취득 및 존속 요건이라는 점을 기억해야 한다. 계약 기간 동안에 다른 곳으로 전입신고를 하게 되면 이전의 대항력을 상실하기 때문이다.

임차권등기명령

임대차가 종료되면 임대인으로부터 보증금을 돌려받아 다른 곳으로 이사하는 것이 일반적인 임차인들의 경제적 사정이다. 문제는 제때에 보증금을 돌려받지 못하는 상황이 현실적으로 자주 발생한다는 점이다.

알아본 바와 같이 보증금을 반환받지 못한 상태에서 임차인이 사정상 이사를 하거나 주민등록을 이전하게 되면 대항력을 상실하게 되기 때문이다. 이러한 경우 대항력을 유지할 수 있는 방법으로 임차인이 활용할 수 있는 것이 임차권등기명령이다.

보증금을 돌려받지 못한 세입자가 집주인의 동의 여부와는 상관없이 서류를 갖추어 법원에 신청하게 되면 절차에 따라 해당 주택의 등기부등본상에 임차권등기가 기재되는 것이다. 등기부등본상에 임차권등기가 기재되는 그 순간까지는 그 집에서 이사를 하거나 주민등록을 이전하게 되면 안 된다.

임차권등기명령의 현실적인 문제는 원하는 지역으로 사정에 따라 대항력을 유지하면서 이사할 수 있기는 하지만 그 보증금을 당장 돌려받지 못하고 경매 등의 절차를 통해서 돌려받을 수 있는 형식적 준비만을 갖추고서 다른 곳으로 이사를 해야 하기 때문에 새로운 곳에 주택을 마련할 수 있는 보증금이 있어야 한다는 점이다. 이래저래 돈이 없으면 주택임대차보호법도 임차인에게는 부담스러운 것이 될 수도 있음이 슬픈 현실이다.

임대차 기간 등

기간을 정하지 아니하거나 2년 미만으로 정한 임대차는 그 기간을 2년으로 본다. 다만, 임차인은 2년 미만으로 정한 기간이 유효함을 주장할 수 있다. 임대차 기간이 끝난 경우에도 임차인이 보증금을 반환받을 때까지는 임대차 관계가 존속되는 것으로 본다.

계약 현장에서 보면 임차인이 가장 궁금해 하는 것 중의 하나가 계약 기간에 대한 것이다. 1년인지, 2년인지 아니면 장기간으로 할 수 있는지에 관한 것이다. 주택임대차보호법은 보호 대상은 경제적 약자인 임차인이다. 따라서 서민 주거 안정을 위한 최소한의 부분으로 한정한다. 상대방인 임대인에게도 무한책임만을 부담시켜서는 안 되기 때문이다.

결론은 세입자는 1년으로 계약을 하든지, 2년으로 계약을 하든지 선택을 할 수 있으며, 만약 1년으로 계약을 했다고 해도 2년 미만으로 정한 임대차 계약이므로 2년으로 보기 때문에 1년을 특별한 절차 없이 더 살 수 있다.

그렇다면 계약 기간 중에 임차인의 사정으로 이사를 가야 할 상황이 생기면 어떻게 될까? 이러한 경우까지 임차인을 배려할 수 없는 것이 법이다. 이때는 임대인에게 사정을 설명하고 임차인의 노력과 비용으로 이사 가는 것이 최선의 방법이다. 임대인은 그저 계약 기간까지 기다리면 되기 때문이다.

계약의 갱신

임대인이 임대차 기간이 끝나기 6개월 전부터 1개월 전까지의 기간에 임차인에게 갱신 거절의 통지를 하지 아니하거나 계약 조건을 변경하지 아니하면, 갱신하지 아니한다는 뜻을 통지를 하지 아니한 경우에는 그 기간이 끝난 때에 전 임대차와 동일한 조건으로 다시 임대차한 것으로 본다. 임차인이 임대차 기간이 끝나기 1개월 전까지 통지하지 아니한 경우에도 또한 같다.

계약의 갱신에는 약정에 의한 갱신과 묵시적 갱신 두 가지가 있다. 약정에 의한 갱신은 임대차 기간이 만료되면 임대차 계약은 소멸되는 것이고, 묵시적 갱신은 임대인이 임대차 기간 만료 전 6개월에서 1개월까지, 임차인은 임대차 기간 만료 전 1개월까지 상대방에 대하여 갱신 거절의 통지나 조건 변경의 통지를 하지 않을 경우, 기간이 만료된 때에 전 임대차와 동일한 조건으로 재 임대차한 것으로 본다는 것이다.

묵시적 갱신의 경우 임대차의 존속 기간은 2년으로 보며, 2기의 차임액에 달하도록 연체하거나 그 밖에 임차인으로서의 의무를 현저히 위반한 임차인에 대하여는 적용하지 않음을 알아두자.

묵시적 갱신의 경우에는 임차인은 언제나 계약 해지 통보가 가능하고, 임대인은 통지를 받은 날로부터 3개월이 경과하면 계약 해지의 효력이 발생하기 때문에 사실상 임차인의 입장을 충분히 배려한 것이라고 할 수 있다.

차임 등의 증감청구권

당사자는 약정한 차임이나 보증금이 임차주택에 관한 조세 공과금 그 밖의 부담의 증감이나 경제 사정의 변동으로 인하여 적절하지 아니하게 된 때에는 장래에 대하여 그 증감을 청구할 수 있다. 차임이나 보증금의 증액 청구의 경우에는 약정한 차임 등의 20분의 1을 초과하지 못한다.

증액 청구는 임대차 계약 또는 약정한 차임 등의 증액이 있는 후 1년 이내에는 하지 못하기 때문에 결과적으로는 보증금이나 월세를 1년에 5% 이상 인상할 수 없다는 말이 된다.

보증금 중 일정액의 보호

임차인은 보증금 중 일정액을 다른 담보물권자보다 우선하여 변제받을 권리가 있다. 이 경우 임차인은 주택에 대한 경매신청의 등기 전에 주택의 인도와 주민등록을 마쳐 대항력을 갖추어야 한다.

이때 임차인이 보호받는 보증금 중 일정액의 범위는 임대차 계약 당시 기준이 아니라 선순위 저당권 설정 날짜 기준임을 반드시 기억해야 한다. 임대차 계약 당시의 주택임대차보호법상의 소액임차인의 최우선보증금의 범위에 따라 보호받는 것이 아니라 임차주택에 설정된 선순위 저당권의 설정 날짜를 기준으로 한 날의 소액임차인의 최우선보증금을 적용받게 된다.

아울러 소액임차인에 해당된다 하더라도 법원에서 알아서 보증금을 배당해주지 않기 때문에 최우선변제를 받으려면 세입자가 스스로 법원에 정해진 배당 요구 기간에 배당 요구를 해야 한다.

한편, 대법원 판례를 보면 주택 시세보다 집을 담보로 받은 대출 금액이 큰 채무 초과 상태이고, 경매가 예정되어 있거나 예견되어 있는 상황에서 시세보다 훨씬 낮은 전세금액으로 입주한 경우 채권자에 대한 사해행위에 해당되어 세입자의 최우선 변제권도 효력을 잃는다는 점을 반드시 기억해야 한다.

주택 임차권의 승계

사실혼관계에 있는 자는 상속권이 없어서 사실혼 배우자인 임차인의 사망으로 생활의 기반을 상실할 염려가 있다. 따라서 주택임대차보호법은 일정한 경우 사실혼관계에 있는 자의 임차권 승계를 인정하여 상속인과의 충돌을 해결하고 있다.

세 가지 경우가 있을 수 있는데 임차인이 사망했는데 상속인 없이 사망한 경우에는 그 주택에서 가정공동생활을 하던 사실혼관계에 있는 자가 승계한다. 상속권자가 있는 경우에는 상속인이 그 주택에서 가정공동생활을 하고 있는 경우 상속인이 승계인이 된다. 상속인이 그 주택에서 가정공동생활을 하고 있지 않는 경우에는 가정공동생활을 하던 사실혼관계에 있는 자와 2촌 이내의 친족이 공동으로 주택임차권을 승계하게 된다.

내 보증금을 안전하게 지키기 위한 전·월세 계약의 중요한 내용을 주택임대차보호법의 규정에 따라서 살펴보았다. 법률과 시행령에 언급된 일부 내용을 정리하였지만 이조차도 초보자 입장에서는 머리가 빙빙 어지러울 수 있다.

한 번에 모두를 기억할 수 없다. 더군다나 평생에 몇 번의 기회뿐인 부동산 계약 과정에서 활용할 목적으로 매일 공부할 수 있는 것도 아닐 것이다. 그렇다면 핵심 내용을 키워드 중심으로 기억해 놓고 필요할 때에 관련 법전을 뒤적일 수 있는 능력만 유지한다면 내 보증금을 스스로 지킬 수 있을 것이다.

법은 권리 위에 잠자는 사람을 보호하지 않는다. 살다 보면 누구든 상가나 주택의 임차인이 될 가능성이 많다. 그렇다면 좀 더 적극적으로 생길 수 있는 문제에 대하여 알아볼 필요가 있다. 인터넷 환경으로 정보를 찾고 활용하는 것이 편리해졌다. 충분한 손품을 통해서 매일 조금씩 공부를 하다 보면 일정 시간 뒤에는 스스로 실행한 공부의 양과 질에 대하여 뿌듯함을 느낄 수 있을 것이다.

주택임대차보호법을 법, 시행령은 물론 관련 판례까지 두루 공부한다면 사실상 일상생활에 필요한 상당한 부동산 지식을 보유하게 될 것이다. 관심이 있다면 망설이지 말고 바로 시작할 일이다.

내 집 마련, 삶에 있어서
어느 정도의 **비중으로** 받아들여야 하나?

> 내 집 마련은 늘 고민스럽다. 사자니 집값이 떨어지면 어쩌나 고민스럽고, 안 사자니 집값이 오르면 또 어쩌나 하는 고민이 따른다. 이제 내 집 마련은 각자의 사정을 감안하여 소신 있는 선택을 하여야 하는 시대가 되었다. 살지 말지를.

오랜만에 부동산 시장 분위기가 반전되어 상승세가 느껴진다. 정부의 경기부양책과 오랫동안 하락했던 부동산 시장이 움직이고 있기 때문이다. 하지만 곰곰이 생각해 보면 이러한 변화는 과거에도 지속적으로 반복된 모습이다. 그렇다면 앞으로도 그럴 가능성이 높다는 말이다.

해가 바뀌면 변함없이 신문 부동산 면에서, 방송에서 빼놓지 않고 다루는 기사가 있다. '집을 과연 사야 하나?' 하는 고민에 대한 전문가의 조언이다. 새로운 결심과 각오를 다지는 연초에는 내 집 마련에 대한 고민도 빠지지 않는다. 더군다나 어느 정도의 구입 자금이 준비된 사람에게는 더욱 그렇다. 장기적으로 검토하고 준비해야 하는 인생 계획이기 때문에 더욱 신중할 수밖에 없는 것은 인지상정이기 때문이다.

부동산 실전 전문가 그룹이 2015년 부동산 재테크 전망을 통해 밝히는 올해 집 사야 하나? 사야 한다면 이유는 무엇인가에 대하여 살펴보자. 실수요자들은 적극적으로 사라는 사람, 상반기를 지켜보고 하반기부터 움직이라는 사람, 중소형은 적극적으로 매입하되 토지 투자는 조심하라는 사람, 신규 분양시장과 경매를 통해서 구입하는 것을 권하는 사람이 있다. 늘 같은 모습이다.

구입을 권유하는 사람들이 말하는 이유는 부동산3법 통과로 재건축 위주의 집값 상승 여력이 높다는 점, 금리가 하락하고 있어 대출이자에 대한 부담이 줄어들고 집값 하락의 우려가 적다는 점, 경매시장의 과열은 집값 상승의 기대심리를 확산시킨다는 점을 꼽고 있다.

반면 구입을 신중해야 한다는 사람들은 분양시장이 여전히 뜨거울 것이지만 늘 거품을 우려해야 한다는 점, 투자 목적으로 주택을 구입하는 것은 금물이라는 점을 들고 있다.

10년 전이나 20년 전이나 동일한 질문이고, 그 답 또한 변함없이 반복되는 것들이다. 그렇다면 이제 그 결론을 내도 될 것이라고 생각한다. 실수요자라면 내 집 마련의 가장 적절한 시기는 바로 지금이라는 것이다. 실수요자에게 내 집은 올라도 그만이고 떨어져도 당장 팔 수 있는 그런 물건이 아니기 때문이다. 오히려 내 집 마련의 안정감으로 삶의 질이 조금 더 높아질 것이라고 생각한다.

내 집을 마련하고 나면 내 삶은 어떻게 변할까?

한때 부동산 광풍이라고 말해도 될 만큼 부동산 가격이 하루가 다르게 급등했던 때가 있었다. 청약통장을 이용하여 신도시 아파트가 당첨이라도 되면 그 시세 차익이 엄청나 로또 당첨이라는 말도 있었다. 때문에 그때는 내 집 마련에 모든 것을 쏟아부었던 시절이었다.

이제는 부동산 시장의 여건이 많이 변했다. 오히려 과거의 화려한 모습과 비교하면 이제 부동산 투자는 한물간 것이라고 하기도 한다. 정부가 주택은 소유의 대상이 아니라 거주의 대상이라는 캠페인을 벌인 지 이미 오래전이다.

인생 계획에 있어서 가장 중요한 것 중의 하나가 내 집 마련이라 해도 과언은 아닐 것이다. 실수요자라는 점에서 내 집 마련에 가장 적절한 시기에 대한 고민은 별로 의미가 없다고 생각한다. 다만 과거처럼 시세 차익을 기대하면서 주택에 투자하는 것은 논외의 대상이다.

내 집 마련은 참으로 우리들에게는 가슴 벅찬 일이다. 철없이 뛰어다니면서 주인집 눈치를 보게 만드는 아이들을 둔 부모에게도 그렇다. 월셋집에서 전셋집으로, 전셋집에서 조금 더 넓은 전셋집으로 남의 집을 전전했던 서민들에게도 그렇다.

내 집 마련이란 서민들에게는 삶의 안식처를 얻는 것 이상의 의미가 있다. 마음이 편해진다는 말이다. 이로써 좀 더 안정적인 재무 계획을 세울 수 있어 좋다. 조금씩 대출금을 줄여 나가는 일상의 소소한 행복은 그 무엇과도 바꿀 수 없는 진정한 행복이 아닐까 싶다.

일부 젊은 세대는 내 집 마련을 인생의 짐으로 받아들이면서 고생하기보다는 좋은 차를 타면서 현실을 즐겁게 산다고 하지만 이것 또한 인생의 선택이다. 세상을 받아들이는 마음에 따라 각자가 인생의 모습을 선택할 수 있기 때문이다. 누구든지 무엇보다도 내 집 마련에 대한 분명한 기준을 설정하는 것이 우선이다.

내 집 마련, 노력한 만큼 가까워진다

> 실수요자에게 내 집 마련은 선택의 문제가 아니다. 삶의 질을 보다 높일 수 있는 방법이다. 하지만 그 준비 과정은 쉽지 않다. 차근차근 내 집 마련을 위해서 미리 준비해 두어야 할 것들은 짚어본다. 즐거운 마음으로 한다면 엔도르핀이 솟는다.

내 집 마련은 마음먹는다고 냉큼 이루어지는 것이 아니다

집을 마련한다는 것은 많게는 10년 계획이 될 수 있다. 강산도 변한다는 기간 동안 그저 저축만 꾸준히 하면 하늘에서 집이 뚝 떨어지는 것이 아니다. 마트에서 물건을 살 때도 이것저것 따지고 확인하는데 전 재산이라고 할 수 있는 내 집을 마련하기 위해서는 준비해야 할 것들이 많다. 평소의 노력만큼 내 집 마련의 기회는 가까워지기 때문이다. 미리 정리해 두어야 할 것들이다.

집을 사야 할 이유를 명확하게 정리한다

인생의 장기 계획으로서 내 집 마련은 많은 시행착오와 마음의 갈등을 수반한다. 또한 재무적인 부분도 언제 어떤 일이 생기지 모르기 때문에 중요한 변수다. 그때마다 '이렇게까지 해서 꼭 집을 구입하는 것이 행복한 것인가?'라는 갈등에서 흔들림 없이 내 집을 가져야 한다는 동기부여가 될 만한 이유를 정리하는 것이 필요하다. 장기 계획에서 일관된 목적의식을 가지고 실천할 수 있는 힘은 바로 멘탈이기 때문이다.

구체적인 실천 계획을 수립하여야 한다

실행의 힘은 바로 구체적인 목표에서 시작된다. 따라서 몇 년의 기간 내에, 어느 정도의 목돈을 준비해서, 어느 지역에 어떤 아파트를 구입하겠다는 정도의 실천 계획이 필요한 것이다.

준비 기간과 목돈의 규모는 절약과 저축의 실천으로 시간이 지남에 따라 해결될 가능성이 높다. 하지만 어떤 지역에, 어떤 아파트를 구입하겠다는 구체적인 목표에 대한 세세한 노력이 필요하다.

수시로 관심 아파트의 가격 변동 추이를 분석한다. 아파트 가격에 영향을 미치는 주요 변수가 무엇인지 또는 주변의 다른 아파트와 비교해서 가격 변동의 폭은 어떤지를 알아본다. 손품과 발품이 필요한 부분이다. 이런 내용을 내 집 마련 일지에 항상 기록을 한다. 이런 노력들은 목표했던 목돈이 마련되었을 때 해당 아파트를 과감하게 사야 할지 아니면 말아야 할지를 스스로 결정할 수 있게 해준다.

온라인 부동산카페 하나 정도는 가입하여 활동한다

일정 규모 이상의 아파트에는 온라인 커뮤니티가 형성되어 있는 경우가 많다. 아파트 관리와 관련된 여러 가지 이야기가 오고 간다. 중개업자를 통해서도 들을 수 없는 구체적인 정보들이 오고 가는 곳이다. 그 아파트 단지에 살아야만 알 수 있는 세부 정보들을 잘 확보하면 그 집을 선택할 때 고민을 날려버릴 수 있을 만큼의 확신을 가질 수 있다는 점이 중요하다.

아는 만큼 보인다

반복되는 말이지만 아는 만큼 보인다. 10년이면 짧은 시간이 아니다. 굳은 마음을 먹고 단계별 계획을 잘 실천한다면 스스로 부동산 전문가로 변신하기에 부족함이 없는 시간이다. 공인중개사 자격 취득을 위하여 어느 정도의 여유로움을 포기해도 좋다. 내 집 마련의 기쁨과 함께 어느새 부동산 전문가 수준의 부동산 지식이 늘어났음을 보면서 앞으로의 재테크에 대해서도 부담이 없다.

손품과 발품은 기본이다

10년의 준비 기간 동안 관심 아파트에 대한 관찰은 계속 필요하다. 돈이 준비되어서 집을 살 수도 있지만 관심 아파트 인근 부동산을 수시로 드나들면서 급매물이 있는지를 확인하는 것이 매우 중요하다.

내 집 마련의 방법은 많다. 일반 거래도 있지만 사정이 급해서 내놓은 급매물은 평소에 관심과 노력 없이는 맞이할 수 없는 물건이다. 돈이 조금 부족해도 충분한 시세 분석을 통해서 관찰해온 아파트가 원하는 가격 수준 이하로 나왔다면 레버리지를 활용하여 과감하게 질러도 좋다고 생각한다. 생각보다 빠른 시간에 내 집 마련을 할 수 있는 방법 중의 하나이기 때문이다.

동네 중개업소에서 결정적인 도움을 받을 수 있다

내 집 마련 준비 과정을 통해서 스스로 할 수 있는 영역과 누군가의 도움을 받아야만 되는 영역이 구분될 수 있다. 동네 중개업소를 통해서 관심 있는 아파트에 대한 다양한 정보를 얻을 수 있다. 한편 좋은 물건이 나오면 바로 계약할 수 있는 능력과 의사가 있음을 해당 중개업소 주인장에게 분명하게 전달한다. 그러면 그 즉시 중요 관리 대상 고객이 된다.

상당한 노력과 인고의 세월이 필요한 것이 내 집 마련이다. 언제든 좋은 원하는 수준의 물건을 중개업소를 통해서 소개받았을 때 그 가격의 적정성은 오랜 시간 동안 가격 추이 분석을 통해서 스스로 자신 있게 판단할 수 있다. 그 아파트의 관리 상태, 장점과 단점, 어떤 동이 더 선호도가 높은지 등 세부 정보는 온라인 커뮤니티를 통해서 충분히 파악이 되어 있다. 레버리지를 위해 지인을 통해서 대출상품에 대한 정보를 준비해 두었다. 그렇다면 원하는 물건이 나왔을 때 두려움 없이 누구에게 의존하지 않고 스스로 선택할 수 있다. 그 순간이 바로 전문가의 영역으로 들어서는 순간이다.

내 집 마련, 나에게 맞는 방법은 무엇인가?

> 내 집 마련 방법은 많다. 그 방법을 제대로 이해하기 위해서는 각각의 장단점을 잘 따져봐야 한다. 어떤 방법을 선택하느냐에 따라서 내 집 마련 시간과 비용을 줄일 수도 있고 반대로 늘어날 수도 있기 때문이다.

내 집을 마련하는 방법에는 어떤 것이 있을까? 부동산에서 소개해 주는 시세아파트를 계약하는 방법, 매도인의 사정으로 시세보다 저렴한 급매물을 구입하는 방법, 부동산 경매를 통해서 구입하는 방법, 재건축 아파트에 투자해서 집을 마련하는 방법, 조합 아파트 조합원이 되어 집을 구하는 방법 등 다양한 방법이 있다.

시세로 아파트를 구입하는 방법은 가장 일반적인 과정이다. 내 집 마련 목표를 가지고 목돈 마련 과정을 통해서 일정 수준의 목표 금액에 도달했을 때 부동산 중개업소를 통해서 소개받은 아파트를 사는 방법이다. 돈 말고는 미리 준비할 것이 없다. 그만큼 보너스도 없을 수 있는 방법이다.

발품을 팔면서 친분을 쌓은 중개업소를 통해서 소개받은 급매물을 사는 방법은 미리 준비해야 할 것들이 있다. 부지런히 중개업소를 드나들면서 실수요자임을 인지시키고 시세보다 저렴한 물건이 나오면 바로 계약할 수 있음을 알려야 한다. 동시에 소개받은 급매물이 얼마나 저렴한 가격인지를 스스로 판단할 수 있는 데이터가 필요하다.

관심 아파트에 대하여 온라인 단지 커뮤니티를 예의 주시한다. 국토교통부실거래가 사이트를 통해서 가격 추이를 분석한다. 적어도 가격 추이에 대해서는 빈틈이 있어서는 안 된다. 레버리지가 필요할 수도 있는 방법인 만큼 평소에 대출 관련 상품에 대하여 잘 알아두면 자금 조달이 용이하다.

요즈음 열기가 뜨거운 부동산 경매를 통해서 집을 구입하는 방법이다. 가장 경쟁력 있는 가격으로 구입할 수 있는 가능성을 가진 방법이다. 대신에 구입 과정에서 비용이 발생하거나 준비 기간이 많이 필요한 방법이다. 중개업소를 통해서 또는 경매 전문업체를 통해서 일정 비용을 지불하고 경매에 참가하는 것이 일반적이다.

실제 경매 현장에서 보면 평범한 물건을 사실상 시세 수준으로 구입하게 되는 경우가 많다. 과열된 경매 열기 탓이다. 경매를 통해서 경쟁력 있는 가격으로 주택을 구입하기 위해서는 스스로 경매 전문가가 되어야 할 이유가 여기에 있다. 그 방법과 노력은 시중에 넘쳐나는 경매 도서를 통해 해결하기 바란다.

재건축 대상 아파트를 구입하여 일정 기간 후에 재건축 아파트에 입주하는 방법, 조합 아파트를 통해서 구입하는 방법은 앞서 말한 구입 방법 중에서 조금 벗어나기 때문에 그런 방법이 있다는 것으로 마무리 한다.

또 다른 내 집 마련의 방법이 청약통장을 이용하거나 미분양 할인 판매를 통해서 신규아파트에 들어가거나 신축빌라를 매입하는 방법이 있다. 청약통장을 통해서 내 집을 마련하는 방법은 앞으로 신규 공급 물량이 예전 같지 않아서 수도권 지역에서는 고민이 되는 부분이다.

더군다나 핵가족화, 직주근접 선호도가 높은 새로운 세대의 내 집 마련 방법으로는 다른 시각이 있을 수 있다. 예전처럼 전철과 버스를 갈아타면서까지 내 집 마련을 하지 않을 수도 있기 때문이다.

신축빌라의 경우에는 조금 신중하게 판단해야 한다. 한정된 예산 문제로 하는 수 없이 구입해야 한다면 별개이다. 실수요자에게 내 집 마련은 집값이 오르든지 내리든지 크게 중요한 문제가 아닐 수 있지만 팔 때 원하는 시점에, 원하는 가격으로 매매할 수 있다는 것은 또 다른 애로 사항이다.

신축빌라의 경우는 사는 시점부터 감가상각이 발생하고, 사는 동안 별도의 관리 주체가 없는 경우가 대부분이라서 그 속도가 생각보다 빠르다. 사정이 생겨서 팔고 나가야 할 때 제 가격을 받지 못하는 것은 물론 제때에 팔리지 않을 가능성이 있기 때문이다. 부동산에 있어서 환금성은 누구에게나 중요한 문제다.

100% 준비란 없다. 70% 정도의 자금이 준비되면 도전한다

내 집 마련의 방법도 중요하지만 실제 구입을 고려하게 될 때 가장 고민스러운 것이 부족한 자금 마련이다. 서민들의 경우 대출을 받지 않고 집을 구하는 사람이 얼마나 될까? 대출상품을 잘 선택하는 것도 재테크라고 한다.

시중은행을 통해서 대출을 받는 방법이 일반적이지만 그 전에 정부의 정책자금을 활용할 수 있는지 여부를 꼭 따져보아야겠다. 국민주택기금, 주택금융공사 홈페이지를 통해서 현재 대출 가능한 상품의 종류와 자격 조건에 대하여 알아볼 필요가 있다.

어떤 방법으로 내 집을 마련할 것인지 그 장단점을 따져보아 본인에게 가장 적합한 방법을 이미 선택하는 것은 중요하다. 미리 준비된 사람에게 그 방법에 따른 혜택이 가장 많이 돌아갈 것이 확실하기 때문이다. 아울러 주택담보대출은 적정한 수준을 받아야 하고, 그 상환 계획을 꼼꼼하게 따져보아 문제가 없어야 내 집 마련이 부담스러운 선택이 되지 않기 때문이다.

내 집 마련, 확인해야 할
서류는 무엇이 있나?

> 부동산은 서류를 통해서 확인할 것들이 많다. 중개업소를 통하든 지 직접 거래를 하든지 간에 챙겨야 할 서류를 알아보고, 매매 단계에서 알아두면 좋을 사이트를 정리한다. 열심히 알아보면 손품으로도 돈이 생긴다.

상상만 해도 좋을 내 집 마련의 실현을 위해서는 그 준비 과정도 중요하지만 마무리 과정인 계약 시점에 바짝 긴장을 해야 한다. 중개업소를 통해서 하더라도 또는 아파트, 전원주택, 다세대주택 등을 계약하더라도 거쳐야 하는 과정을 알아본다

매매계약 과정에서 유의할 사항

앞서 살펴본 것처럼 많은 준비 과정을 통해서 드디어 계약할 아파트를 선택하였다. 특별한 경우가 아니라면 중개업소를 통해서 계약을 하는 것이 좋다. 매매계약 과정에서 생길 수 있는 문제를 사전에 해소할 수 있기 때문이다.

제일 중요한 것은 정당한 부동산 소유자와 제대로 계약을 체결하

는 것이다. 중개업소에서 계약을 하더라도 대충 넘어가지 말고 신분증을 주고받아 진정한 소유자인지 여부를 확인하고, 등기부등본상의 소유자와 같은지를 확인해야 한다.

대리인과의 계약은 좀 더 신중해야 한다. 가능한 소유자와 직접 계약을 하는 것이 좋지만 혹시라도 대리인과 계약을 해야 할 상황이라면 위임 관련 서류(위임장과 위임용 인감증명서)를 직접 확인하는 것이 필요하다. 가끔 뉴스에 나오지만 대리권이 없는 사람이 위임 관련 서류를 위조해서 매수인을 황당하게 하는 경우가 있기 때문이다.

등기부등본을 살펴볼 때에는 바로 직전에 발급받은 것인지 확인하고 계약금, 중도금, 잔금을 줄 때마다 등기부등본상에 변화가 없는지를 체크한다. 매매 과정에서 매매 관련 대금은 다 받고서 소유권이전 등기를 하기 직전에 대출을 일으켜서 그 대금을 가지고 사라지는 경우도 있을 수 있기 때문이다.

거래 과정에서 금전을 수수할 때에는 실제 소유자의 통장을 통하여 입금하여 그 내역을 남기면 사실상의 제3자가 보증하는 입금 영수증이 된다.

매매계약 과정에서 참고할 만한 인터넷 사이트

국토교통부온나라부동산 사이트에 가면 부동산 거래 절차에 대한 정보가 있는데 초보자의 경우에는 미리 해당 사이트에서 그 과정을 충분히 숙지하고 확인해야 할 것은 없는지를 계약 전에 챙겨보면 안전한 계약을 하는 데 도움이 된다.

유료 등기대행 사이트를 이용하면 셀프등기를 통해서 등기 관련 비용을 아낄 수 있다. 매매에 의한 소유권이전등기의 경우 해당 사이트의 도움을 받아 스스로 소유권이전 서류를 만들어서 해당 등기소에 제출을 하면 일정 시간 후에 내 이름으로 이전된 등기부등본을 발급받을 수 있다.

초보자의 경우 셀프등기 과정에서 어려운 부분에 봉착을 하면 직접 유선 통화를 통해서 도움을 받을 수도 있다는 점을 기억하고 자신감을 가지고 도전해봐도 좋을 것이다. 만에 하나 등기 과정에서 누락되거나 잘못된 것이 발견되면 즉시 보정 명령을 하게 되니 보완해 주면 되는 것이다.

유료 등기대행 사이트 또는 셀프등기 사례 등을 통해서 충분한 준비가 된다면 직접 인터넷등기소를 통해서 온라인을 통해 등기를 할 수도 있다. 등기 과정은 한 번만 경험하면 그다음은 아무 부담이 되지 않는 일이다. 또한 가까운 사람들이 소유권이전등기를 한다고 하면 생색을 내면서 옆에서 직접 등기를 도와 줄 수도 있어서 더욱 즐거운 일이 될 수 있다.

참고로 셀프등기 과정에 필요한 내용을 정리해 보자. 잔금을 지급하기 전에 매도인으로부터 등기권리증, 주민등록초본(주소변동내역포함), 부동산매도용 인감증명서, 인감도장을 준비해 달라고 말하고 만나서 위임장에 인감도장을 날인하고 매도인에게 다시 주고 나머지 서류는 가져오면 된다.

매수인은 잔금 지급일에 인감증명 날인한 등기 위임장, 토지대장, 건축물대장, 주민등록등본을 준비한다. 주민등록등본, 토지대장, 건축물대장은 민원24 사이트를 통해서 온라인 발급이 가능하고, 등기소 무인발급기를 통해서도 발급이 가능하다.

다음 절차는 취득세를 납부하는데 직접 납부할 수도 있고 E-TAX 사이트를 통해서 납부할 수도 있다. 정부 수입인지를 준비한다. 직접 등기소가 있는 법원 내 은행을 통해서 구입할 수도 있고 인터넷 납부를 통해서 영수증을 출력하는 방법도 활용할 수 있다. 은행에서는 매매계약서를 지참하여 국민주택매입필증을 준비하도록 한다. 법원 내 은행에서 수입인지 구입, 등기신청 수수료 납부, 국민주택채권 매입을 처리할 수 있다.

등기에 필요한 서류가 준비가 되면 법원 등기소로 가서 등기신청서를 작성한다. 초보자에게는 등기신청서를 작성하는 것이 조금 어려울 수 있지만 인터넷을 통해 등기신청서 작성 사례를 검색하면 부담 없이 해결할 수 있다.

등기신청서를 작성한 다음 제출 서류를 다시 체크한다. 주민등록등본, 매매계약서 원본, 등기 위임장, 토지대장, 건축물대장, 취득세 납부영수증, 국민주택채권매입필증, 소유권이전등기신청수수료 납부영수증, 정부수입인지 영수증, 매도인에게서 받은 등기권리증, 주민등록초본, 부동산매도용인감증명서, 계약신고필증원본 등이 제대로 있는지 확인하고 제출하면 된다.

무엇이든지 처음에도 생소하고 어렵게 보일 수 있다. 법률 용어 가득한 소유권이전등기는 더욱 그렇다. 하지만 대부분의 서류를 온라인상에서 발급받을 수 있고, 모르는 것은 셀프등기 사례를 찾아보면서 해결하면 된다. 손품과 발품을 들이면 돈도 아끼고 자신감 넘치는 뿌듯함은 덤으로 얻는 즐거움이다.

내 집 마련, 부대 비용을
염두에 두어야 낭패가 없다

> 내 집을 마련하기 위해서는 부대 비용이 발생한다. 주택을 취득할 때, 보유할 때, 양도할 때마다 세금이 뒤따른다. 이사도 해야 하고, 등기 비용도 발생한다. 정해진 예산으로 집을 구입할 때에는 약 5% 정도의 여유 자금을 준비해야 한다.

먼저 부동산 중개업소를 이용하여 주택을 구입하였다면 중개보수가 발생된다. 지자체별로 부동산 중개보수요율을 정하고 있는데 서울특별시를 기준으로 매매 가격 5천만 원 이상~2억 원 미만의 주택의 경우 상한요율이 1천분의 5, 한도액이 80만 원이다. 다시 말해서 거래 금액에 상한요율을 곱해서 나온 금액이 법정 중개보수다. 이때 중개보수가 80만 원이 넘게 나왔다면 80만 원만 지급하면 된다. 중개보수를 지급하면서 훗날 주택을 양도할 때 비용처리를 위해서 중개보수 영수증을 발급받아 두면 된다.

일반적으로 잔금을 납부하면서 대출은행에서 근저당을 설정하게 된다. 이처럼 담보대출을 받을 때에도 큰 비용은 아니지만 인지대와 국민주택채권매입비용이 발생한다.

잔금을 지급하고 소유권이전등기 서류까지 챙기고 나면 새로 구입한 집으로 이사를 해야 한다. 이사 비용이 발생하는 것이다. 포장이사를 기준으로 보면 차량 운송비, 인건비, 사다리 사용료, 특수 작업비 그리고 청소나 소독 등의 기타 작업까지 맡기게 되면 적지 않은 비용이 들어간다. 이때 이 비용을 조금이라도 줄이려면 이사견적서비스 사이트를 통해서 예상 견적을 받을 수 있고, 지역별로 회원사를 소개받을 수 있다.

포장이사를 할 경우 요금은 트럭 톤수에 의해 좌우되므로 이사 전에 불필요한 물건을 처분하는 것이 필요하고, 손 없는 날 공휴일, 월말 등 수요가 많은 날은 약 10%~20%의 추가 요금이 발생할 수 있으니 미리 준비하여 평일에 이사를 하는 것도 비용을 줄이는 방법이다. 아울러 이사 조건에 따라서 이사 비용 차이가 발생할 수 있으므로 계약 시에 세부 작업 조건과 특약사항을 기재하여 생길 수 있는 문제에 대비하는 것이 좋다.

집을 구입하는 단계부터 전·월세를 살 때는 없었던 비용이 발생한다. 바로 세금이다. 소유권이전등기를 하면서 취득세를 납부했다. 취득세는 주택을 구입할 때 내는 세금이다. 통상적으로 6억 이하의 주택을 구입할 때 85m2 이하의 경우에는 취득세 1%, 지방교육세 0.1% 합계 1.1%의 세금을 내야 하고 85m2 초과할 경우에는 농어촌특별세가 추가되어 1.3%의 세금이 부과된다.(세금은 수시로 개정되고 있으니 필요한 시점에 별도 확인이 꼭 필요하다)

취득세는 취득할 날로부터 60일 이내에 납부해야 하지만 현실적으로 잔금을 치르고 바로 이전등기를 하는데, 이때 취득세 납부영수증이 첨부되어야 만 이전등기 서류를 만들 수 있어 사실상 잔금과 동시에 비용이 발생한다고 보면 된다.

아파트를 보유할 경우에도 세금을 부과되는데, 종합부동산세와 재산세가 있다. 재산세는 지방세로서 매년 6월 1일 기준으로 부동산의 소유자에게 부과되는 세금으로 과표와 적용세율은 해당 지자체 홈페이지에서 확인하거나 e-TAX 홈페이지를 통해서도 확인이 가능하다. 재산세에는 도시계획세, 공동시설세가 함께 부과된다.

종합부동산세는 국세로서 부동산을 많이 갖고 있다고 해서 내는 것이 아니라 소유한 부동산의 가치가 일정 규모 이상일 경우에 납부하는 세금이다. 매년 6월 1일을 기준으로 보유한 주택의 공시가격합계액이 과세기준금액을 초과하는 경우 그 초과분에 대하여 과세되는 세금이다. 따라서 종합부동산세 대상이 아닌 경우에는 보유세로서 재산세만 납부하면 된다.

양도소득세는 국세로서 보유 부동산을 매도할 때 발생하는 양도차익에 대하여 부과하는 세금이므로 살 때보다 떨어진 가격으로 매도하는 경우 또는 기본 공제 등 일정한 조건이 충족되는 경우에는 약간의 양도 차액이 발생해도 내지 않는 경우가 있다. 좀 더 자세한 내용은 국세청 홈텍스 홈페이지를 통해서 정보를 얻을 수 있다.

앞에서 살펴본 것처럼 소유권이전등기를 직접 하게 되면 법무사 수수료 등을 아낄 수 있다. 크다면 크고 작다면 작은 돈이지만 조금 힘이 들어도 혼자 할 수 있다. 자신감을 가지고 한번 도전해 볼 일이다.

재산이 늘어나면 그에 따른 세금을 포함한 관리 비용도 늘어난다. 내 집도 어렵게 마련했겠지만 부대 비용을 감안하지 않다 보면 생각지도 못한 비용에 부담이 될 수 있다. 위에 언급한 비용만큼이라도 기억해 두었다가 내 집을 마련할 때 자금 계획에 포함을 시키면 좋겠다.

국토계획을 알면
부동산 로드맵이 보인다

· 부동산 관련 법령 체계를 이해하면 부동산공법이 보인다

· 국토관리의 기본 이념을 담고 있는 국토기본법

· 국토의 계획 및 이용에 관한 법률

· 생활 속의 도시계획_도시지역_서울특별시 강남구 사례

· 생활 속의 도시계획_도시외지역_경기도 용인시 사례

· 사례로 살펴보는 생활 속의 도시계획 뉴스 읽는 방법

· 돈 벌 기회, 종전부동산 투자설명회를 아시나요?

· 개발행위허가_도시외지역에서 돈 버는 기회가 된다

부동산 관련 **법령 체계를 이해**하면
부동산공법이 보인다

> 일반인에게 법은 어렵다. 부동산 관련 법률은 더욱 그렇다. 하지만 살면서 부동산 거래는 필수적인 것이다. 내가 알아야 확인하고 판단할 수 있다. 부동산 관련 법령 체계를 이해하면 숲이 보인다.

현행 법률이 무려 180여 개 이상 토지상에 중첩되면서 규제를 하고 있어 일반인들은 물론 부동산 전문가들도 그 내용을 면밀하게 검토하지 않으면 검토하고 있는 토지의 이용 또는 개발과 관련된 규제사항을 제대로 챙기는 것이 쉬운 일이 아니다.

우리나라에는 법의 근본이자 최상위법인 헌법이 있고, 국토에 관한 최상위법은 국토기본법이 있는데 이는 국토 공간의 장기적인 정책 방향을 제시하는 법으로서 국민에 대한 구속력은 없으며 국토계획의 최상위법으로서 행정적인 의미를 가지고 있다. 국토계획의 청사진을 제시하는 것으로 국토계획의 방향성을 읽을 수 있는 기본이 된다.

국토기본법 다음으로 국토의 계획 및 이용에 관한 법률(이하 '국토계획법'이라 한다.)을 통해서 국토의 '선계획 후개발'이라는 전제하에 국토 이용 체계를 관리하고 있으며, 수도권에 대하여는 수도권정비계획법에 의하여 국토계획법보다 우선하여 적용하고 있다는 것을 기억할 필요가 있다. 수도권에서는 규제사항이 더 많고 다른 법에 우선적이라는 것을 알 수 있다.

국토계획법은 광역도시계획과 도시기본계획, 도시관리계획 등에 대한 내용을 담고 있으며, 하위법으로는 개발제한구역에 대하여는 개발제한구역의 지정 및 관리에 관한 특별조치법, 도시개발법, 도시 및 주거환경정비법, 산림기본법, 농지법 등이 있으며 건축법과 주택법, 도로법, 수도법, 하수도법, 자연공원법, 관광진흥법, 소방법 등이 현실적으로 우리의 삶과 연결되어 있는 법들이라고 할 수 있다.

우리가 부동산 관련 법령에 관심을 가져야 하는 가장 큰 이유는 당장 눈에 보이는 실익은 적을지라도 시간을 담보하여 실현될 장기적인 미래 가치를 담고 있기 때문인데, 국토종합계획, 광역도시계획, 도시기본계획 등을 면밀하게 검토해 보면 향후 전국의 개발 계획을 알아볼 수 있으며, 이에 따른 토지의 활용도를 가늠할 수 있게 될 것이다.

보유하고 있는 토지나 구입을 고려하고 있는 토지의 가치는 어떻게 판단할 수 있을까? 목적하는 행위를 하는 데 문제가 없는지를 미리 알아볼 수는 없는 것일까? 그 답은 바로 토지이용규제정보서비스에서 찾을 수 있다. 소관부처, 관계법령에 따른 지역 또는 지구의 수는 상상 이상이다. 2008년 421개의 지역지구가 있었고, 각종 민원 수렴을 통해서 2013년 현재 약 321개의 지역지구가 존재한다고 한다.

토지이용규제정보서비스란 무엇인가?

검색창에 토지이용규제정보서비스 검색해 보자. 과거 정부는 해당

부처의 정책적 목적에 따라 규제를 수반하는 지역, 지구 등을 수시로 신설하였다. 행정편의주의적 발상에 따른 것이 많았던 시절이 있었다. 하지만 정부는 복잡다기하고 과도한 토지이용규제로 국민이 겪고 있는 불편을 최소화하고, 기업하기 좋은 환경을 조성하여 국가 경쟁력을 강화하기 위해 토지이용규제를 원점에서 재검토했다.

구체적으로 보면 2005년 12월 토지이용규제기본법을 제정하여 2006년 6월 8일 시행하였고, 수차례에 걸쳐 토지이용규제 일원화 및 통합 단순화 방안, 행위제한내용 평가 실시 등을 통하여 토지이용규제 합리화를 추진하고 있다.

토지이용규제기본법의 핵심 내용은 복잡한 토지이용규제를 단순화하기 위하여 새로운 지역, 지구 등의 신설 등을 제한하고, 기존의 지역, 지구 등도 정기적으로 재평가하여 지속적으로 정비하는 토지이용규제의 단순화, 지역 지구 등을 지정 시 일반 국민이 그 내용을 알 수 있도록 주민 의견 청취 및 지형도면 고시 등의 절차를 의무화함으로써 토지이용규제의 투명성을 확보하며, 토지이용규제의 정보화를 통한 토지이용규제의 투명성과 국민의 토지 이용 편의를 제공하는 것이다.

일반인들이 가지고 있는 토지, 구입하려는 토지에 대한 국토계획법령 체계상으로 규정하고 있는 각종 규제사항을 직접 통합적으로 확인할 수 있는 방법이 바로 토지이용규제기본법에 근거하여 운용되고 있는 토지이용규제정보서비스를 이용하는 것이다.

토지이용규제정보서비스(LURIS)에서는 증명용 토지이용계획확인서에 명기된 지역, 지구 등의 지정내용 및 행위제한내용 등의 정보를 한

국토지정보시스템(KLIS)과 연계하여 인터넷을 통해 제공하는 것으로 이제는 토지이용계획확인서 발급으로 토지의 가치에 대한 1차 검토가 가능하게 된 것이다.

질의회신사례를 통하여 본인이 알고 싶은 내용을 구체적으로 확인할 수 있고, 원하는 답을 찾지 못하였다면 직접 질의를 통하여 맞춤형 답변을 기대할 수 있다. 참여마당 코너를 통해서 국토건설부의 정책자료, 법령개정현황공지, 용어사전, 자료실에 담겨 있는 상당한 수준의 국토계획 정보를 이용할 수도 있다.

아는 만큼 보인다고 한다. 어렵게만 여겨지는 국토계획에 대한 이해와 정보도 온라인을 통해서 얼마든지 접할 수 있는 세상이다. 하지만 내가 필요한 내용이 무엇인지, 그 정보의 의미는 무엇인지는 스스로 공부해야만 터득할 수 있는 것임을 알아야 한다. 개인적인 노력 없이는 얻는 것이 없을 것이고, 아는 것이 부족하여 전 재산인 부동산 투자에서 치명적인 실수가 생길 수 있음을 기억해야 한다.

토지이용계획확인서 열람 또는 발급 TIPS

해당 토지의 주소를 알면 토지이용규제정보서비스에 접속하여 온라인상으로 즉시 토지이용계획확인서를 열람할 수 있으며, 필요에 의해서 발급을 받으려면 링크된 민원24(minwon.go.kr)를 통해서 발급받을 수 있다.

국토관리의 기본 이념을 담고 있는 국토기본법

> 국토기본법을 100% 숙지한다는 것은 어려운 일이다. 하지만 국토관리의 기본 이념을 담고 있는 법의 큰 틀을 이해하고 나면 부동산 투자의 줄기를 잡는 데 도움이 될 것이다. 이것은 부동산에 관심 있는 모든 사람에게도 의미 있는 공부가 된다.

국토기본법에 따른 국토관리의 기본 이념을 이해하면 정부의 부동산 정책의 근저에 흐르는 큰 줄기를 이해할 수 있다. 그 내용을 보면 국토는 모든 국민의 삶의 터전이며 후세에 물려줄 민족의 자산이므로, 국토에 관한 계획 및 정책은 개발과 환경의 조화를 바탕으로, 국토를 균형 있게 발전시키고 국가의 경쟁력을 높이며, 국민의 삶의 질을 개선함으로써 국토의 지속 가능한 발전을 도모할 수 있도록 수립하고 집행하는 것을 그 기본 이념으로 한다고 명시하고 있다.

국토기본법은 국토관리의 기본 이념을 근거하여 국토에 관한 계획 및 정책의 수립, 시행에 관한 기본적인 사항을 정함으로써 국토의 건전한 발전과 국민의 복리 향상에 이바지함을 목적으로 제정되었다. 국토기본법이 추구하는 방향은 국토의 균형 발전과 경쟁력 있는 국토

여건의 조성, 환경 친화적인 국토의 관리로 표현할 수 있는 것이다.

현실적으로 볼 때 구속력이 없는 국토기본법이지만 국토관리의 기본 정신을 유지하고 있다는 측면에서 향후에는 명시적인 수준이라고 할지라도 환경 친화적인 국토관리가 강조될 것이 현실화되고 있다. 2014년 12월 국토계획과 환경계획을 서로 연계하는 연동제를 담은 국토기본법 개정안과 환경정책기본법 개정안이 국무회의를 통과했기 때문이다.

개정안은 국토 및 환경계획 연동제는 국토계획과 환경계획이 지속가능한 발전이라는 공동의 목표를 달성하기 위해 계획수립 과정, 계획내용에 대해 상호 보완적이며 협력하는 체계를 말한다. 이에 따라 국토계획과 환경보전계획을 수립할 때 두 계획이 서로 연계되도록 해야 하는 것으로 국토개발과 환경보전이 적절한 조화를 이루도록 했다.

국토기본법은 국토에 대한 계획 및 정책의 기본 이념과 발전 방향을 설정하고 이를 실현하기 위하여 국토계획을 수립하도록 하고 있는데 국토종합계획, 도종합계획, 시·군종합계획, 지역계획, 부문별계획이 그것이다.

국토기본법에 근거한 국토계획을 이해하기 위하여 각 계획의 핵심 사항을 간략하게 정리하면 다음과 같다.

국토종합계획

국토부장관이 수립하며, 전 국토를 대상으로 하는 장기적인 종합계획으로 도종합계획 및 시·군종합계획의 기본이 되는 계획이다. 20년을 단위로 수립하며 다른 법령에 의해 수립되는 국토에 관한 계획에 우선하며 그 기본이 되는 계획이다.

도종합계획

도지사가 수립하며 도의 관할구역을 대상으로 하는 장기적인 종합계획으로 시·군종합계획의 기본이 되는 계획이다.

시·군종합계획

시장, 군수가 수립하며 특별시, 광역시, 시 또는 군의 관할구역을 대상으로 하며, 국토계획법에 의해 수립되는 도시계획을 말하는 계획이다.

지역계획

중앙행정기관의 장 또는 지방자치단체장이 수립하며 특정한 지역을 대상으로 특별한 정책 목적을 달성하기 위해 수립하며 수도권정비계획, 광역권개발계획, 특정지역개발계획, 개발촉진지구개발계획 등이 있다.

부문별계획

중앙행정기관의 장이 수립하며, 국토 전역을 대상으로 하며 특정 부문에 대한 장기적인 발전 방향을 제시하는 계획이다.

국토의 계획 및 이용에 관한 법률

> 국토의 계획 및 이용에 관한 법률은 부동산과 관련된 모든 법적 행위에 근간이 된다. 내 집을 마련하든지 또는 부동산 투자를 할 때 기본적인 가이드라인이기 때문이다. 실제적으로 부동산 규제를 담고 있어 중요한 법률이므로, 그 속에 녹아 있는 용어의 의미라도 잘 기억해 두면 좋겠다.

국토의 계획 및 이용에 관한 법률은 국토의 이용, 개발과 보전을 위한 계획의 수립 및 진행 등에 필요한 사항을 정하여 공공복리를 증진시키고 국민의 삶의 질을 향상시키는 것을 목적으로 실제적으로 토지에 대한 규제를 주요 내용으로 하는 대표적인 법률이다.

토지의 가치를 결정하는 가장 큰 규제사항을 일상생활에서 현실적으로 정하는 근본이 되는 법률로서 각 필지별로 해당되는 구체적인 규제사항을 명시하는 것이 바로 토지이용계획확인서라는 토지공부이다.

국토계획법에서 담고 있는 주요 내용은 다음과 같고, 항목별로 규제하는 대상과 목적을 간략하게 정리하니 국토기본법과 국토계획법 간의 관계 속에서 각 계획이 가지는 위상과 의미를 머릿속에 정리해 놓으면 부동산 관련 공법을 공부할 때 많은 도움이 될 것이다.

광역도시계획

2개 이상의 특별시, 광역시, 시 또는 군의 공간구조 및 기능을 상호 연계시키고 환경을 보전하며 광역시설을 체계적으로 정비하기 위하여 필요한 경우 광역계획권으로 지정하여 수립하는 장기발전방향을 제시하는 계획이다.

광역도시계획이 수립되어 있는 지역에 대하여 수립하는 도시기본계획은 당해 광역도시계획에 부합되어야 하며, 도시기본계획의 내용이 광역도시계획의 내용과 다른 때에는 광역도시계획의 내용이 우선한다. 이러한 광역도시계획 및 도시기본계획에서 제시된 장기적인 발전방향은 도시관리계획에서 구체화되고 실현된다.

도시기본계획

특별시, 광역시, 시 또는 군의 관할구역에 대하여 기본적인 공간구조와 장기발전방향을 제시하는 종합계획으로서 도시관리계획 수립의 지침이 되는 계획이다.

도시기본계획은 국토계획법에 의한 법정 계획으로서 계획 내용이 물적 측면뿐만 아니라 사회·경제적 측면을 포괄하는 종합계획으로 상위계획인 국토종합계획, 광역도시계획의 내용을 수용하여 도시가 지향하여야 할 바람직한 미래상을 제시하고 장기적인 발전방향을 제시하는 종합계획이다.

특별시, 광역시의 경우 도시기본계획의 수립 절차는 다음과 같다.

① 도시기본계획(안) 수립

② 공청회개최(주민 및 관계 전문가 의견 청취)

③ 도시계획상임기획단 검토

④ 지방도시계획위원회 자문

⑤ 중앙행정기관의 장 협의

⑥ 전문기관의 자문 및 조사연구 의뢰

⑦ 중앙도시계획위원회 승인

⑧ 도시기본계획 공고 및 일반인에게 열람

도시관리계획

시, 군의 제반 기능이 조화를 이루고 주민이 편안하고 안전하게 생활할 수 있도록 하면서 당해 시, 군의 지속 가능한 발전을 도모하기 위하여 수립하는 법정계획이고 광역도시계획 및 도시기본계획에서 제시된 시, 군의 장기적인 발전방향을 공간에 구체화하고 실현시키는 중기계획이다.

국토계획법에 정의된 도시관리계획은 다음의 계획을 말한다

① 용도지역, 용도지구의 지정 또는 변경에 관한 계획

② 개발제한구역, 도시자연공원구역, 시가화조정구역, 수산자원보호구역의 지정 또는 변경에 관한 계획

③ 기반시설의 설치, 정비 또는 개량에 관한 계획

④ 도시개발사업 또는 정비사업에 관한 계획

⑤ 지구단위계획구역의 지정 또는 변경에 관한 계획과 지구단위계획

용도지역지구구역

국토계획법에 의해 토지의 이용 및 건축물의 용도, 건폐율, 용적률, 높이 등을 제한함으로써 토지를 경제적, 효율적으로 이용하고 공공복리의 증진을 도모하기 위하여 서로 중복되지 아니하게 도시관리계획으로 결정하는 지역이 용도지역이며, 국토계획법에 의한 도시계획 체계상의 도시관리계획으로 결정되는 토지이용 제한의 기준이 되는 지역구분의 범주는 용도지역, 용도지구, 용도구역으로 나뉜다.

이러한 용도지역의 대분류는 도시지역, 관리지역, 농림지역, 자연환경보전지역으로 나뉘며, 대분류는 다시 세분되어 지정될 수 있다.

도시계획시설

도로, 공원, 시장, 철도 등 도시주민의 생활이나 도시기능의 유지에 필요한 국토계획법상의 기반시설 중 도시관리계획으로 결정된 시설을 말하며, 이러한 도시계획시설결정에 따라 도시계획시설을 설치, 정비, 개량하는 사업을 도시계획시설사업이라고 한다.

장기미집행 도시계획시설이라 함은 도시계획시설결정 고시 이후 재정적인 문제로 인해 10년 이상 미집행 상태인 도시계획시설을 의미하고, 미집행 상태에서 20년이 경과하면 자동으로 지정 효력을 상실하는 일몰제를 시행하고 있다.

지구단위계획

도시계획을 수립하는 지역 가운데 일부 지역의 토지 이용을 보다 합리화하고 그 기능을 증진시키며 미관의 개선 및 양호한 환경을 확보하는 등 당해 지역을 체계적, 계획적으로 관리하기 위하여 수립하는 도시관리계획에 대한 세부적인 계획을 말한다.

도시 내 일정구역을 대상으로 인간과 자연이 공존하는 환경친화적 도시환경을 조성하고 지속 가능한 도시개발 또는 도시관리가 가능하도록 하기 위한 세부적인 계획으로 광역도시계획, 도시기본계획 등 상위 계획과 관련 계획의 취지를 살려 토지 이용을 구체화, 합리화하기 위해 수립한다.

개발행위허가

일정 면적의 토지를 개발하려는 사람은 기반시설의 설치나 그에 필요한 용지의 확보, 위해 방지, 환경오염 방지, 경관 및 조경 등에 관한 계획서를 첨부한 신청서를 개발행위허가권자에게 제출하여 허가를 받아야 하는데 허가를 받아야 할 행위는 다음과 같다.

① 건축물의 건축 또는 공작물의 설치

② 토지의 형질 변경(경작용 토지의 형질 변경은 제외)

③ 토석의 채취

④ 토지의 분할(건축물이 있는 대지는 제외)

⑤ 녹지지역, 관리지역 또는 자연환경보전지역에 물건을 1개월 이 상 쌓아놓는 행위

토지거래규제제도

토지의 투기적인 거래가 성행하거나 성행할 우려가 있는 지역 및 지가가 급격히 상승하거나 상승할 우려가 있는 지역에 땅 투기를 방지

하기 위해 설정하는 구역으로 토지거래허가구역으로 지정되면 토지 용도별로 일정 규모 이상의 토지거래는 허가를 받아야 한다.

도시계획위원회

　도시계획에 관한 중요사항을 심의, 조사, 연구하고 행정관청의 자문에 응하는 등 도시계획 결정을 위해 존재하는 비상근 행정위원회이다.

　국토교통부에서 출간한 국토의 계획 및 이용에 관한 법률 해설집(출판 진한 엠앤비)을 소개하니 부동산에 관심이 있는 분들, 특히 도시외지역(관리지역, 농림 지역, 자연환경보전지역)에서 부동산 개발이나 전원주택을 생각하는 사람들에게 는 좋은 지침서가 될 것이라고 생각한다.

생활 속의 **도시계획**
도시지역_**서울특별시 강남구** 사례

> 관심 있게 보지 않으면 보이지 않지만 도시생활 속에는 도시의 여건 변화에 따라 도시계획도 변하고 있다. 재건축이 추진되어 낡은 아파트가 없어지고 새로운 아파트가 들어서고, 없던 도로가 개설되고, 지구단위계획이 변경되기도 한다. 잘 살펴보면 모두가 우리 일상생활과 관련되는 것들이다.

도시계획이라는 것이 우리 생활과 얼마나 밀접한 관련이 있는지를 느낄 수 있는 기회는 그리 많지 않다. 대한민국 경제 1번지라고 할 수 있는, 서울특별시 강남구에서는 어떤 도시계획이 진행되고 찾아보면서 도시생활 속의 도시계획 의미를 찾아보자. 이러한 내용을 확인하기 위해서는 토지이용규제정보서비스가 유용하다. 물론 서울시청 홈페이지, 강남구청 홈페이지 등을 통해서도 확인할 수 있지만 전국적으로 통합 확인이 가능한 토지이용규제정보서비스를 활용하는 것이 좋겠다.

토지이용규제정보서비스 고시도면 메뉴에 들어가본다. 고시도면 열람을 할 수 있는 메뉴가 있는데 이곳에서 원하는 지역의 도시계획 진행 사항을 확인할 수 있는 것이다. 토지이용규제기본법에 따라 지역, 지구 등을 지정 또는 변경하려는 중앙기관의 장 또는 지방자치단체의 장은 지형도면을 관보 또는 공보에 고시하고 홈페이지에 동시 게재하여야 한다.

검색을 해 보면 서울시 강남구의 2015년 첫 번째 고시도면은 개포택지개발지구(공동주택) 지구단위계획 결정(변경) 및 지형도면 고시이다. 그 내용을 그대로 옮기면 다음과 같다.

서울특별시고시 제2015-10호

개포택지개발지구(공동주택) 지구단위계획 결정(변경) 및 지형도면 고시

서울특별시고시 제10호(1979.01.10) "도시계획시설(학교) 결정"으로 도시계획시설(학교) 결정되고 서울특별시고시 제2011-167호(2011.06.23.)로 결정(변경) 고시된 개포택지개발지구(공동주택) 지구단위계획구역 내 강남구 개포동 153번지 일대에 대하여 2014년 제20차 서울특별시 도시·건축공동위원회(2013.12.24.) 심의를 거쳐 「국토의 계획 및 이용에 관한 법률」 제30조 및 같은 법 시행령 제25조의 규정에 의거 도시관리계획[개포택지개발지구(공동주택) 지구단위계획]을 결정(변경) 고시하고, 「국토의 계획 및 이용에 관한 법률」 제32조 및 같은 법 시행령 제27조, 「토지이용규제기본법」 제8조 및 같은 법 시행령 제7조의 규정에 따라 지형도면을 함께 고시하며, 강남구 개포동 153일대에 대하여 「토지이용규제 기본법」 시행령 제9조, 동법 시행규칙 제2조, 「서울특별시 도시계획조례」 제68조의2 규정에 의거 동 조례 제54조 3항에 의한 "학교 이적지"로서 「토지이용규제 기본법」 제8조, 동법시행령 제7조의 규정에 따라

지형도면을 고시하고자 합니다.

2015년 1월 15일

서울특별시장

　어렵고 딱딱한 위의 고시문을 전문용어 배제하고 쉽게 풀어서 설명하면, 개포택지개발지구 지구단위계획구역 내 개포동 153번지 일대에 학교시설이 2010년 다른 곳으로 이전됨에 따라서 이전하고 남은 부지(공공에서는 이를 이적지 또는 이전적지라고 한다.)를 활용하여 개포 디지털 혁신파크를 조성하고자 지구단위계획을 결정(변경)한다는 말이다.

　이것을 다르게 표현하면 도시지역의 지구단위계획구역 내에서 기존 지구단위계획내용을 변경하기 위해서는 국가기관이라고 해도 국토의 계획 및 이용에 관한 법률에 근거하여 변경 지구단위계획(안)을 입안하고, 도시건축공동위원회 심의를 거쳐서 지구단위계획 변경하여야만 된다는 것이다.

　국가기관도 이러한데 민간의 경우 개발사업을 위하여 지구단위 변경이 필요하다면 피할 수 없는 것이다. 오히려 국가기관에서 시행하는 도시계획사업(지구단위계획)은 공공의 성격이 강하기 때문에 심의 과정에서 크게 이슈가 될 것이 없을 수 있다. 하지만 민간의 경우에는 심의 과정에서 공익과 사익 간의 충돌, 특혜 시비 등이 항상 생길 수 있어 매우 민감하게 진행되는 것이 현실이다.

　2014년에 지형도면 고시된 주요 도시계획 사업을 살펴보면, 서울시 도시생태현황도 비오톱 1등급 토지의 변경(결정) 및 지형도면 고시, 홍실아파트 주택재건축 정비구역 지정 및 지형도면 고시, 도시관리계획

(서울세곡 지구단위계획) 결정(변경) 및 지형도면 고시, 개포 구룡마을 도시개발구역 지정 해제 고시 및 지형도면 고시, 광평근린공원 조성계획 결정(최초) 및 지형도면 고시, 탄천변도로(가칭) 관련 도시계획시설(도로, 공공공지) 변경결정 및 지형도면 고시, 도시계획시설(학교) 도시관리계획 변경결정(폐지) 및 지형도면 고시 등이다.

이처럼 도시지역에서는 대체로 지구단위계획의 변경 또는 결정, 근린공원 조성, 도시계획시설 도시관리계획 변경에 대한 사항들이 주요 이슈가 된다.

생활 속의 도시계획을 재테크에 활용하는 방법

이제까지는 내 삶과 도시계획은 상관관계가 없었을지도 모른다. 하지만 우리 삶의 터전인 국토를 계획하고 관리하는 내용과 우리의 삶이 무관할 수 없는 것이다. 우리의 재산권과 직접 관련이 되기 때문이다. 자신이 거주하고 있는 행정구역의 도시계획 내용을 잘 살펴보면 얻을 것이 많다.

새로운 공원이 들어서면 인근 토지 가격은 상승할 것이 분명하다. 도시계획시설로서 쓰레기소각시설이 들어서면 님비현상에 따라 인근의 재산가치는 내 의지하고 전혀 상관없이 하락할 것을 우리는 이미 학습으로 잘 알고 있다. 도시계획을 잘 살펴보면 투자 측면에서 볼 때 가야 할 길과 가지 말아야 할 길이 보일지도 모르니 지금 바로 본인이 거주하는 곳의 행정기관 홈페이지를 접속해 볼 일이다.

생활 속의 **도시계획**
도시외지역_**경기도 용인시** 사례

> 도시계획은 전원생활에도 예외 없이 적용된다. 도시지역과 달리 도시외지역에서는 도시지역, 관리지역, 농림지역, 자연환경보전지역이 공존한다. 도시에서보다 도시계획에 대한 관심을 더 가져야 하는 이유다. 어떤 도시계획이 집행되는가에 따라서 내 땅의 가치가 달라질 수 있기 때문이다.

앞에서 알아본 것처럼 자신이 거주하는 지역의 도시계획 변동사항을 체크하려면 토지이용규제정보서비스를 이용하면 된다. 고시도면 메뉴에서 고시도면열람으로 들어가 경기도 용인시를 검색한다.

2015년 첫 번째 고시된 용인시 도시계획 변동사항은 내용은 다음과 같다.

용인시고시 제2015 - 67호

도로구역결정(변경) 및 지형도면 변경고시

기 개설된 지방도321호선(용인~포곡) 도로구역에 대하여「도로법」제25조 및 「토지이용규제기본법」제8조 규정에따라 도로구역결정(변경) 및 지형도면 변경을 아래와 같이 고시합니다.

2015년 2월 24일

용인시장

1. 도로구역 결정(변경) 및 지형도면(변경) 고시 내용

구분	노선번호	구간			주요 경과지	구역결정 (변경)이유	비고
		연장 (km)	시점	종점			
당초	지방도 321호선	6.34	용인시 역북동	용인시 포곡읍 전대리	유방동 포곡읍 (영문리, 전대리)	지형도면 오기 정정 (유방동759-1번지 환매로 인한 도로구역 및 지형도면에서 삭제)	
변경	지방도 321호선	6.34	용인시 역북동	용인시 포곡읍 전대리	유방동 포곡읍 (영문리, 전대리)	지형도면 오기 정정 (유방동759-1번지 환매로 인한 도로구역 및 지형도면에서 삭제)	

2. 지형도면 게재: "생략"(공람장소에 비치)

　※ 지형도면의 고시는 본 고시로 갈음하며, 따로 작성·고시하지 않음

　※ 토지이용규제기본법 제8조에 의한 지형도면 등은 토지이용규제
　　정보시스템 (http://luris.mltm.go.kr) 에서 열람 가능함

3. 기타사항

　가. 지형도면 기고시 구간 등은 금회 도로구역 결정에서 제외함.
　나. 열람 장소: 용인시(건설과)

　고시문을 일반인이 이해할 수 있도록 풀어서 정리하면, 고시문에는 도로구역결정(변경)이 어떤 사유로 변경(결정)하게 되었는지 자세히 나와 있지 않다. 고시문에 있는 구역 결정 이유를 보면 지형도면 오기정정이라고 되어 있고, 그 내용은 유방동 759-1번지 환매로 인한 도로구역 및 지형도면에서 삭제라고 명시되어 있다.

　지형도를 살펴보니 기존 도로구역에 포함되었던 유방동 759-1번지가 환매에 의해서 소유자가 바뀜에 따라 도로구역에서 제외되었다는 것으로 해석이 된다. 아마도 이는 도시계획변경에 대한 계속적인 민원이 있었지만 이번에 관리계획변경에 따른 도로구역 결정에서 제외된 것으로 생각된다. 좀 더 관심이 있는 사람은 용인시 건설과에 가서 열람을 해 볼 일이다.

　도시지역, 도시외지역 예외 없이 복합휴양단지, 아파트단지 개발, 새로운 도시계획시설의 설치 등으로 도시의 모습이 변하게 된다. 관심을 가지고 이런 틈새를 부동산 재테크의 아이템으로 정하고 열심히

발품을 팔다 보면 나름 성공한 투자자의 모습으로 훗날 보게 되지 않

을까 싶다.

사례로 살펴보는
생활 속의 **도시계획 뉴스** 읽는 방법

> 전국 도시계획의 주요 이슈를 체크하는 것은 투자자에게 매우 중요하다. 도시지역과 도시외지역에서의 어떤 도시계획 내용이 수립 또는 집행되고 있는 지를 알고 그 길목에 잘 서 있으면 돈을 벌 수 있기 때문이다.

검색포털 네이버 검색창에 도시계획이라는 키워드로 검색을 하여 뉴스 기사만 모아 보았다. 눈길을 끄는 주요 기사를 정리해 보자.

수원시, 20년 장기미집행 도시계획시설 해소 추진한다

수원시는 2015년 말까지 20년 이상 장기미집행 도시계획시설에 대한 해소방안을 마련하여 일제 정비에 들어간다. 이는 20년 이상 장기 미집행된 도시계획시설의 경우 2020년 7월 1일까지 사업 시행이 이뤄지지 않으면 일몰제 적용을 받아 도시계획시설 지정이 취소되기 때문이다.

수원시는 이를 위해 장기미집행 도시계획시설 일제 정비용역을 발주하였다. 용역 금액은 2,000만 원이며 2015년 9월에 완료될 예정이다. 이렇게 용역을 발주하는 것은 통상적으로 장기미집행 도시계획시설을 위해 해소방안을 만들고 집행하는 것은 공공(수원시)이지만 담당 공무원의 전문성, 인력 부족 등으로 이를 전문으로 하는 도시계획 용역업체에 일을 맡기는 것이다. 물론 수의계약에 의해 지정하는 것이 아니라 대부분 입찰을 통해서 결정된다.

9월에 용역이 완료되면 수원시 의회에 용역 내용을 보고하고, 시의회는 12월까지 해제 권고 대상 시설물을 수원시로 통보하게 된다. 시는 해제 대상 시설물을 분류해 시의회와 협의한 뒤 해제 대상을 최종 확정해 2016년 2월 미집행시설 관리계획 결정(변경)을 추진할 계획이라고 한다.

도시계획은 결정하는 과정도 어렵지만, 변경 과정도 동일한 과정을 거쳐야 한다. 수원시의 경우처럼 장기미집행 도시계획시설에 대한 민원이 많았을 것이다. 도시계획시설에 묶여 있는 개인에게는 공공의 선으로 포장된 규제일 뿐이다. 대체로 도로, 공원, 녹지, 기타로 구분된다. 내 토지가 도시계획시설인 공원부지로 묶여서 보상도 없이 개발이나 건축행위를 20년간 하지도 못한다고 생각하면 피눈물이 날 일이다.

2,000만 원의 도시계획 용역 업무를 통해서 장기미집행 도시계획시설 중에서 해제 대상 도시계획시설을 결정하게 된다. 포함되면 정상적인 재산 활용이 가능해져서 그나마 다행이지만 포함되지 못하면 2020년 7월 1일이 되어 일몰제 적용으로 도시계획시설 지정이 취소되기를 기다려야 한다. 내 토지가 도시계획에 묶여 보상도 없이 이용도 할 수 없는 상황이라면 그저 도시계획이라는 행정행위가 원망스럽기 그지없을 것이다.

전주시, 한옥마을 인근에 대규모 주차장 조성 추진한다

전라북도 전주시 한옥마을 주차난 해소를 위해 인근에 대규모 주차장이 조성된다. 이를 위해 사전 행정행위로서 동남부권 공영주차장 조성을 위한 도시계획시설 결정 및 실시계획인가 용역을 실시한다고 한다.

일반인들은 특별한 관심이 없다면 잘 몰랐을 것이다. 나라에서 공공 목적으로 필요해서 주차장을 짓는 데에도 많은 절차가 필요한 것을 말이다. 도시계획 공무원이 업무역량, 업무과중 등의 이유로 일정 금액의 용역비를 들여서 도시계획시설 결정 및 실시계획인가 용역을 진행한다. 몇 번의 용역 보고를 통해서 최종 확정된 용역 결과에 따라 지장물 감정평가와 부지 매입의 과정을 거친다. 이 과정에서 협의가 잘 되면 모르겠지만 부지 매입이 어려워지면 상황에 따라서 토지수용 행위가 일어날 수도 있는 대목이다.

전주시 대성동 주변에 토지를 가지고 있는 사람에게나, 상권의 변화를 기대하고 미리 토지를 구입하려는 사람들은 도시계획 진행 과정에 귀를 기울이고, 공청회 등을 적극적으로 참석하여 미리 준비하면 좋을 것이 없는지를 미리 체크해 놓고 기다리면 하늘에서 떡이 떨어질 수도 있지 않을까 싶다.

영종도에 대기업 공장이 들어선다

인천국제공항을 끼고 있는 인천 영종도에 이르면 2015년 4월부터 대기업의 공장 진출이 가능해진다. 인천경제자유구역청은 국내 대기업 공장을 영종도로 유치하기 위해 중구 운서동 하늘문화센터 일대 부지의 용도 변경을 3월 말까지 마칠 계획이라고 한다.

이 땅은 현재 용도지역상 자연녹지이며 자유무역지대로 향후 일반 공업지역으로 용도가 변경되는 것이다. 법률상 대기업 공장의 신축이나 증설은 힘들지만 용도 변경을 통해 공장을 이전하는 방향으로 사업이 추진되고 있다.

수도권정비계획법 공장총량제에 따라 수도권 내에서 대기업은 면적 500제곱미터 이상 공장을 새로 짓거나 증설할 수 없고 외국인 투자기업과 중소기업만 가능한데 이런 사정이 용도 지역의 변경을 통해서 해결 가능한 것이다.

주무관청인 인천경제자유구역청의 의지는 좋지만 사실상 특혜 시비가 일어나 도시계획심의 등에서 어려움을 많이 겪게 될 것으로 보이며, 3월경 도시계획심의위원회에 상정하여 일사천리로 처리될지는 모르겠지만 현장에서 보아온 경험으로 보면 천만의 말씀일 것이다. 시간이 지나고 나서 내 말이 맞는지 아닌지를 알아서 확인하시면 되겠다.

강원도내 주한미군기지 주변지역 개선사업 국비 추가 확보했다

춘천 캠프페이지는 부지 매입에 189억 원을 투자해 부지 조성에 나서는 한편 연계된 레고랜드 진입 교량 공사가 원활히 추진될 수 있도록 캠프페이지~서면 간 도시계획도로 개설에 83억 원을 투자할 방침이다.

도시계획시설인 도로를 개설하기 위해서도 도시계획 용역 과정을 거친다. 일반적으로 도로개설 예산이 확보되면 도로노선, 선형결정 등에 대한 타당성 검토를 거쳐서 실시계획을 수립하고 공사에 착공하는 수순을 따르게 된다. 이럴 경우 이러한 홍보성 기사와 실제 용역 과정, 도시계획심의 과정, 공청회 과정을 통해서 우여곡절을 거치게

될 것을 감안하면 그 실현 시기와 내용은 당초 발표보다는 많은 변화
를 겪게 될 수 있음을 알고 하늘에서 떡이 떨어지기를 기다리는 자세
가 꼭 필요하다.

돈 벌 기회,
종전부동산 투자설명회를 아시나요?

> 충분한 자금이 준비된 투자자라면 종전부동산에 대하여 관심을 가져볼 필요가 있다. 말 그대로 공공기관이 지방으로 이전하면서 남은 주요 지역의 부동산을 종전부동산이라고 한다. 공공기관에서 매년 수차례 투자설명회를 개최한다.

국토의 균형 발전을 위해 수도권 공공기관을 지방으로 이전시키는 혁신도시 사업의 전제조건은 지방으로 이전하는 공공기관의 수도권 지역 사옥(종전부동산)의 매각이라고 할 수 있다. 혁신도시 건설과 관련한 규정을 담은 특별법은 수도권 본사 터와 건물을 매각한 돈으로 혁신도시 청사를 마련토록 규정하고 있기 때문이다.

하지만 금융위기 이후 얼어붙은 부동산경기 속에 한꺼번에 밀려나온 매물, 이에 비해 느긋하게 평가금액이 내려가기를 기다리는 투자자들의 분위기가 매각 속도를 늦추고 있다.

2014년 12월 10일 오후 2시 서울시 강남구 논현동 건설회관 2층 대회의실에서는 2014년 마지막 종전부동산 투자설명회가 진행되었다. 건설사, 시행사, 자산운용사, 금융사 등 기관투자자는 물론이거니와 개인 투자자까지 약 300여 명이 모였다고 한다.

해당 정보는 국토교통부 또는 한국자산관리공사(캠코) 홈페이지를 통해서 확인할 수 있으며 종전부동산 목록을 설명회에 참가하기 전에 미리 확인할 수 있다. 마지막 투자설명회에 소개된 물건은 매각 시기가 지났거나 도래하는 40개, 3조 2000억 원 규모이다. 지역별로는 서울이 22개, 경기가 17개이다. 국토교통부에 따르면 2014년 매각 대상인 종전부동산 가운데 아직 새 주인을 찾지 못한 종전부동산은 18개이다. 2015년 매각 대상은 16개, 2016년은 6개다.

이 중에서 당초 계획대로라면 매각이 성사됐어야 하는 대한지적공사, 에너지관리공단, 영화진흥위원회, 한국인터넷진흥원, 한국개발연구원(사택), 도로교통공단, 중소기업진흥공단을 비롯해 총 23개의 기관에서 매각 담당자들이 나와 투자자들과 1대 1 상담을 진행하는 것이다.

종전부동산은 수도권의 핵심 지역에 위치해 있어 입지 여건이 뛰어나고 투자가치가 높은 편이다. 공공기관이 소유한 만큼 거래 안전성이 보장되고 관리 상태가 매우 양호하다는 장점이 있다. 이런 이유로 경기도 안양시에 소재한 국토연구원 터가 의료시설 건립을 추진하는 개인 투자자에게 팔렸다고 한다.

구분	기관명	소재지	이전지	면 적(㎡)		매각예정액 (백만원)
				부지	건물	
계 : 40개				2,192,461	786,015	3,192,054
'14년 (18개)	국립과학수사연구원	원주	강원	16,708	2,613	4,558
	국세공무원교육원	수원	제주	90,559	22,716	83,152
	국립전파연구원	용산	광주	16,836	7,967	82,420
	중앙119구조단	남양주	대구	34,216	-	5,440
	한국식품연구원	성남	전북	112,861	17,975	181,855
	한국해양과학기술원	안산	부산	92,939	30,342	91,700
	에너지관리공단	용인	울산	13,119	24,298	54,726
	에너지경제연구원	의왕	울산	8,264	4,997	25,565
	한국산업기술시험원	구로	경남	1,577	1,879	7,296
	도로교통공단	중	강원	12,916	27,703	88,801
	영화진흥위원회(촬영소)	남양주	부산	1,336,409	44,869	104,320
	한국교육개발원	서초	충북	60,037	12,353	79,874
	한국인터넷진흥원	서초	광주	243	3,692	13,639
	농림수산식품기술기획평가원	안양	광주	377	1,414	4,047
	중소기업진흥공단	영등포	경남	1,974	16,524	64,452
	한국개발연구원(사택)	서초	세종	2,326	2,561	41,350
	대한지적공사	영등포	전북	4,727	3,696	43,500
	한국방송통신전파진흥원	송파	광주	2,898	35,050	100,346
'15년 (16개)	한국산업기술평가관리원	강남	대구	343	5,159	24,624
	신용보증기금	마포	대구	2,845	30,530	101,999
	한국정보화진흥원 부속	용인	대구	6,276	7,774	19,727
	한국산업단지공단	구로	대구	7,396	27,101	46,926
	한국문화예술위원회	종로	광주	1,133	2,124	28,460
	한국예탁결제원	고양	부산	6,928	22,626	60,912
	한국승강기안전관리원	서초	경남	762	4,118	9,006
	한국토지주택공사 정자	성남	경남	45,728	79,826	278,395
	한국토지주택공사 오리	성남	경남	37,998	72,011	352,490

	기관명					
	한국농수산식품유통공사	서초	광주	4,063	13,562	47,731
	한국도로공사	성남	경북	203,325	25,088	337,990
	한전KPS(주)	성남	광주	6,812	27,622	72,749
	한국자산관리공사 부속	관악	부산	731	1,568	4,314
	한국관광공사	중	강원	2,881	26,652	143,433
	한국가스공사	성남	대구	16,726	35,089	118,101
	대한주택보증(주)	영등포	부산	1,983	15,518	59,279
'16년 (6개)	한국광해관리공단	종로	강원	3,927	20,856	87,500
	농림수산식품교육문화정보원	안양	세종	490	1,844	3,065
	국민건강보험공단	마포	강원	8,926	33,742	113,777
	건강보험심사평가원	서초	강원	3,887	18,900	72,093
	한국광물자원공사	동작	강원	11,391	8,476	63,598
	한국전력기술(주)	용인	경북	8,924	45,180	68,844

* 음영처리된 부분은 정부소속기관

개발행위허가
_도시외지역에서 **돈 버는 기회**가 된다

> 도시지역과는 달리 도시외지역에서 집을 지으려면 건축 허가 전에 거쳐야 할 행정행위가 있다. 지목이 전답 또는 임야인 경우 건축허가 전에 개발행위허가를 거쳐서 건축행위가 가능한 것이다. 그 주요 내용을 정리해 본다.

○ **개발행위허가의 규모**

개발행위의 규모란 다음 각호에 해당하는 용도지역별 토지의 형질변경 면적을 말한다. 다만, 관리지역 및 농림지역에 대하여는 그 면적의 범위 안에서 각 지자체의 도시계획조례로 따로 정할 수 있다.

1. 도시지역

   - 주거/상업/자연녹지지역/생산녹지지역: 1만제곱미터 미만

   - 공업지역: 3만제곱미터 미만

   - 보전녹지지역: 5천제곱미터 미만

2. 관리지역(계획/생산/보전관리지역): 3만제곱미터 미만

3. 농림지역: 3만제곱미터 미만

4. 자연환경보전지역: 5천제곱미터 미만

※ 다만 다음의 경우에는 위의 개발행위 규모에 따른 제한을 받지
아니한다.

1. 개발행위가「농어촌정비법」제2조 제4호에 따른 농어촌정비사업
으로 이루어지는 경우.

2. 지구단위계획으로 정한 가구 및 획지의 범위 안에서 이루어지
는 토지의 형질변경으로 당해 형질변경과 관련된 기반시설이 이
미 설치되었거나 형질변경과 기반시설의 설치가 동시에 이루어
지는 경우 등.

※ 개발행위가 다음 각목의 어느 하나에 해당하는 경우에는 개발
행위허가 규모 초과 심의를 통하여 허가를 받을 수 있다.

1. 하나의 필지(준공검사를 신청할 때 둘 이상의 필지를 하나의 필지로 합칠 것
을 조건으로 하여 허가하는 경우를 포함하되, 개발행위허가를 받은후에 매각
을 목적으로 하나의 필지를 둘 이상의 필지로 분할하는 경우는 제외한다)에
건축물을 건축하거나 공작물을 설치(단일시설물)하기 위한 토지
의 형질 변경(예: 주상복합건축물, 하나의 아파트단지 등).

2. 둘 이상의 필지인 경우에는 동일한 용도에 사용되는 건축물 또
는 시설물(단일 시설물)로서 시설물 간에 연계되어 일체를 이루는
경우(예시: 골프장, 스키장, 풍력발전소 등).

다음에 해당하는 경우는 단일 시설물이 아님.(예시)

1) 동일한 용도의 건축물 또는 시설물이지만 개발 행위자 및 필지
가 다른 경우.(준공 후 도시계획도로로 분리되는 경우는 단일 시설물이 아

님. 다만, 시설물이 서로 연결되어 일체를 이루거나, 「주택법」에서 허용되는 하나의 주택단지(공동주택단지에 한함)는 단일 시설물임)

2) 하나의 필지라도 개발행위허가를 받은 후 매각을 목적으로 필지를 분할해야 하는 경우.(전원주택단지 등)

○ 개발행위허가 시 도로 기준

개발행위허가 시 진입도로는 도시·군계획도로 또는 시·군도, 농어촌도로에 접속하는 것을 원칙으로 하며, 위의 도로에 접속되는 아니한 경우에는 다음의 기준에 따라 진입도로를 개설해야 한다.

1. 위의 내용에 따라 개설(도로확장포함)하고자 하는 진입도로의 폭은 개발 규모가 5천㎡ 미만은 4m 이상, 5천㎡ 이상 3만㎡ 미만은 6m 이상, 3만㎡ 이상은 8m 이상으로서 개발행위 규모에 따른 교통량을 고려하여 적정 폭을 확보하여야 한다.

2. 다만, 다음의 어느 하나에 해당하는 경우에는 위의 도로확보 기준을 적용하지 아니할 수 있다.

   - 차량 진·출입이 가능한 기존 마을 안길, 농로 등에 접속하거나 차량 통행이 가능한 도로를 개설하는 경우로서 농업·어업·임업용시설(가공, 유통, 판매 및 이와 유사한 시설은 제외하되, 「농어업·농어촌 및 식품산업 기본법」제3조에 의한 농어업인 및 농어업 경영체, 「임업 및 산촌 진흥촉진에 관한 법률」에 의한 임업인, 기타 관련 법령에 따른 농업인·임업인·어업인이 설치하는 부지면적 2천 ㎡ 이하의 농수산물 가공, 유통, 판매 및 이와 유사한 시설은 포함).), 부지 면적 1천㎡ 미만으로서 제1종근린생활시설 및 단독주택(건축법시행령별표1 제1와가목에 의한 단독주택)

의 건축인 경우

- 건축물 증축 등을 위하여 기존 대지 면적을 10% 이하로 확장하는 경우
- 부지 확장 없이 기존 대지에서 건축물 증축/개축/재축(신축 제외)하는 경우 등

※ 관련법에서 정해 놓은 위의 도로 폭 기준은 현재 각 지방자치단체별로 지역의 특성을 고려하여 완화 적용하는 지역도 있을 수 있으므로 토지의 개발 시 토지가 위치하는 지방자치단체의 도시계획조례를 확인하는 것이 중요함.

※ 「국토의계획및이용에관한법률」뿐 아니라 「건축법」에서도 도로 폭 규정을 정하고 있는데 도시지역의 길이 35m 이상인 막다른 도로에서는 위의 예외 규정과 관계없이 폭 6m 이상의 도로 폭을 확보하여야 함.

○ 개발부담금

개발부담금이란, 부동산은 개발하는 자가 정부 또는 지방자치단체로부터 일정한 면적 이상의 부동산개발사업의 인허가를 받아 개발할 경우에 「개발이익환수에관한법률」에 의하여 개발 이익에 대하여 부담하는 부담금을 말한다.

1. 대상사업: 택지개발사업, 산업단지개발사업, 관광단지개발사업 등 여러 가지 사업이 이에 해당되나, 일반에 가장 밀접한 사업으로는 지목변경이 수반되는 사업으로 동일인(법인을 포함하며, 자연인인 경우에는 배우자 및 직계존비속을 포함한다)이 연접한 토지에 하나의 개발사업이 끝난 후 5년 이내에 개발하는 토지의 면적을 합하여 다음의 규모 이상이 되는 사업을 말한다.

    - 개발 대상 토지가 특별시·광역시 또는 특별자치시의 지역 중 도시지역인 경우 660㎡ 이상

    - 그 이외의 도시지역인 경우 990㎡ 이상

    - 비도시지역인 경우: 1,650㎡ 이상

2. 산정 방법

   (종료시점공시지가-개시시점공시지가-부과기간의정상지가상승분-개발비용) × 25%

※ 개발부담금 이외에 개발하고자 하는 토지의 조건에 따라 부과되는 부담금이 있는데 대표적으로 농지(전, 답, 과)를 전용하고자 할 때에는 농지보전부담금, 산지(임)를 전용하고자 할 때에는 대체산림자원조성비가 있다.

그 산정 방식은,

- 농지보전부담금: 전용하고자 하는 농지의 면적 × 공시지가 × 30% (공시지가 × 30%의 금액이 50,000원 이상일 경우에는 50,000으로 계산)

- 대체산림자원조성비: 전용하고자 하는 산지의 면적 × 3,350원

(2014년 단가준보전산지기준임)

- 개발용도, 또는 신청인의 자격 요건에 따라 농지보전부담금이나, 대체산림자원조성비가 감면 또는 면제되는 사업(주로농업·임업·어업용 시설)이 있으므로 부담금이 면제될 수 있는지 확인하여 사업의 방향을 정하는 것 또한 개발에 따른 비용을 절약하는 방법이 될 수 있다.

제3부

부동산공법으로 투자 멘탈을 다진다

· 딱딱한 부동산공법 가볍게 살펴보자

· 부동산종합증명서_부동산에 대한 종합 정보 제공 서류

· 토지이용계획확인서_토지의 가치를 결정하는 문서

· 등기부등본_토지의 권리 분석을 위한 필수적인 문서

· 토지(임야)대장_해당 토지(임야)에 대한 이력을 보는 문서

· 지목_지목을 알아야 용도지역을 쉽게 이해할 수 있다

· 지적(임야)도_그림으로 이해할 수 있으면 가보지 않아도 안다

· 용도지역_토지의 개발 가능성을 판단할 수 있다

· 도시생활과 전원생활_용도지역의 차이를 알아본다

딱딱한 **부동산공법**을
가볍게 살펴보자

> 부동산공법은 일상생활과 어떻게 연관되어 있을까? 토지를 구입할 때, 내 집을 계약할 때, 전셋집을 구할 때 확인해야 할 서류들이 많다. 그런 다양한 토지 관련 서류 속에 부동산공법이 스며들어 있다는 사실을 알아본다.

개인과 개인 간의 법률 사항을 사법이라고 할 때 부동산의 취득, 이용, 처분 등과 관련된 업무를 처리할 때 지켜야 할 규제사항, 절차, 벌칙 등을 정하여 놓은 것을 부동산공법이라고 한다. 그렇다고 부동산공법이 별도의 구분된 법률로 나누어져 있지는 않다.

그렇지만 그 범주에 들어가는 주요 법률을 살펴보면 국토기본법, 국토의 계획 및 이용에 관한 법률, 개발제한구역의 지정 및 관리에 관한 법률, 도시개발법, 도시 및 주거환경정비법, 건축법, 주택법, 산림기본법, 농지법, 산지관리법 등이 포함될 수 있을 것이다.

공인중개사 자격증을 취득하기 위한 열풍이 불었던 시절이 있었다. 자고 나면 부동산 가격이 폭등하던 시절이었다. 공인중개사 자격 취득을 위해 열심히 공부를 했었던 사람들은 부동산공법이라는 말을 들어보았을 것이다.

사실 부동산공법 과목은 고득점을 하기 위해서 전략적으로 공부하는 과목이 아니라 그저 합격을 위해 과락을 걱정할 정도의 상당히 어려운 과목이었던 것으로 기억한다. 같이 공부하던 사람들도 그렇다고 이구동성으로 말하던 것을 기억해 보면 일반인들이 결코 호락호락하게 관심만으로 그 내용을 이해한다는 것은 언감생심인 것은 분명하다.

공인중개사 시험은 8개 정도의 법률이 포함된 과목이지만 사실 그 중에서도 국토의 계획 및 이용에 관한 법률, 건축법 등에서 집중적으로 출제되는 것으로 분석되는 것으로 보아 현실 생활에서 가장 밀접하게 습득해야 할 법률이라고 해도 과언이 아니다.

일상생활 속에서 부동산공법을 만나고 친해지는 방법

살아오면서 부동산과 관련된 경험이 있는 분들은 대부분 토지이용계획확인서, 건축물대장, 토지(임야)대장, 지적(임야)도, 등기부등본 등을 한두 번은 스스로 발급받아 보았거나 적어도 주변에서 누군가가 그런 서류를 가지고 있는 것을 보았을 것이다. 바로 이런 부동산 관련 서류들이 부동산공법에서 정한 규제사항을 문서로 담고 있는 서류인 것이다.

토지이용계획확인서는 국토의 계획 및 이용에 관한 법률에 근거한 공법상의 이용 제한이나 거래 규제에 관한 사항을 명시하는 것으로 해당 토지가 가지는 가치와 밀접한 관련을 가지게 되는 것으로 토지를 구입하거나 검토할 경우에 우선적으로 보아야 할 서류이다.

앞에서 살펴본 것처럼 토지가 가지는 태생적인 위치를 보여주는 것으로 도시지역, 관리지역, 농림지역, 자연환경보전지역 중에 어디에 해당되는지에 따라 그 토지의 효용이 결정되는 것이다. 공공기관에서 운영하는 토지이용구제정보서비스를 통해서 이용할 수 있으니 검색창에서 검색하여 확인하면 된다.

건축물대장은 건물의 소재지, 구조, 건평, 소유자의 주소, 성명 등에 관한 사항을 담고 있는 서류로서 해당 건축물이 건축법에서 규정하고 있는 내용을 표현하고 있다. 건축물대장은 정부민원포털 민원24 또는 건축행정시스템 세움터 등을 통해서 인터넷을 통해서 직접 현장에 방문하지 않아도 발급받을 수 있다.

토지(임야)대장은 토지의 면적, 지목 등에 대한 사실 관계를 확인할 수 있는 서류로서 지적법에서 정하는 지목의 종류에 따라서 어떤 부동산공법의 규제사항을 적용받아야 하는지가 결정되는 항목이다.

예를 들어 지목이 전, 답, 과인 토지의 경우 지적법상 농지에 해당되어 해당 토지상에 건축을 할 계획을 가지고 있다면 기본적으로 농지전용부담금을 부담해야 하며, 농지취득자격증명을 첨부하여야만 소유권이전등기를 할 수 있는 등의 일들이 발생하는 것이다.

지적(임야)도는 토지의 형태, 경계, 도로의 접근성 등을 파악할 때 확인해야 할 서류로서 해당 토지의 활용성을 판단하는 기본 서류로서 해당 토지 한 필지만을 따지는 것보다는 주변 토지와의 경계 또는 도로의 접근성 등을 파악할 때 필요하다. 지적(임야)도는 토지이용규제정보서비스 또는 정부민원포털 민원24를 이용하여 온라인상으로 열람 또는 발급받을 수 있다.

등기부등본은 부동산 거래에 있어서 공시력 있는 소유자를 확인하는 기본서류이다. 내 집을 계약할 때 계약금을 지급하기 전에, 중도금을 지급하기 전에, 잔금을 지급하면서 법적인 효력이 있는 소유자와 계약을 하는 것인지, 계약 도중에 소유자의 변동은 없는지, 소유권을 넘겨 받기 전에 근저당 등 제한물권이 설정되어 있지는 않은지에 대한 확인을 소홀하게 한다면 생각지도 못한 낭패를 당할 수 있기 때문에 중요하다.

일반인들에게 부동산공법이란 내 재산을 지키고 불의의 거래 사고를 미연에 방지하기 위해서 반드시 확인해야 할 필수적 절차다. 부동산공법의 규제사항이나 사실관계가 기재된 토지이용계획확인서, 토지대장, 임야대장, 지적도, 임야도, 등기부등본 등의 서류만큼은 이해할 수 있어야 하는 것이다.

부동산종합증명서
_부동산에 대한 **종합 정보 제공 서류**

세상이 참 편리해졌다는 생각이 든다. 적어도 부동산 관련 각종 서류를 발급받고 확인하는 부분에 대해서는 말이다. 과거에는 직접 해당 토지가 있는 지자체에 가서 손으로 신청서를 작성 제출하여서 원하는 서류를 발급받았었는데 이제는 온라인을 통해서 손품만으로도 바로 발급이 가능하니 말이다.

부동산종합증명서라는 것은 토지대장, 건축물대장, 개별공시지가, 주택가격, 토지이용계획확인서 등 개별법에 의해 관리되던 18종 부동산 관련 증명서를 하나의 증명서로 통합하여 1종의 부동산 종합증명서로 발급 또는 열람하는 서비스로 2014년 1월 18일부터 시행되고 있다.

좀 더 구체적으로 살펴보면 18종의 부동산 관련 증명서 중 부동산 등기부등본 관련 3종을 제외한 지적 7종(토지 및 임야대장, 공유지연명부, 대지권등록부, 경계점좌표등록부, 지적 및 임야도), 건축 4종(총괄표제부, 일반건축물, 집합표제부, 집합전유부), 토지 1종(토지이용계획확인서), 가격 3종(개별공시지가확인서, 개별주택가격확인서, 공동주택가격확인서) 총 15종의 부동산 공적

장부를 한번에 확인할 수 있는 증명서라고 할 수 있다.

부동산종합증명서는 부동산 형태에 따라 세 가지 유형(토지, 토지+건축물, 집합건물)으로 구분되며, 발급 비용은 부동산종합정보 중에서 필요한 일부 정보를 선택하여 발급받는 맞춤형이 1천 원, 이력, 공유지 등 모든 정보를 포함하여 발급받는 종합형이 1천5백 원이다.

부동산종합증명서를 이용하게 되면 일상생활 속에서 부동산의 소유권 이전, 각종 인허가, 금융업무 때 부동산 증명서류를 여러 번 발급받아 제출해야 했던 불편을 해소할 수 있으며 비용과 시간도 절감할 수 있다.

또 동일 부동산 정보를 시스템별로 중복 관리로 인한 행정력 손실, 부동산 공부 등록사항 오류와 정보 불일치 등의 문제점도 해결할 수 있어 개인과 공공 부문 모두에도 도움이 될 것이다.

부동산종합증명서를 발급받는 방법은 일사편리(www.kras.go.kr)라는 서비스 이름으로 전국의 시청 민원창구와 읍·면·동 주민센터를 방문, 신청하거나 국토교통부 온나라 부동산 포털(http://www.onnara.go.kr)을 통해 인터넷으로도 발급 및 열람할 수 있다. 참고로 부동산 통합민원 일사편리 사이트를 통해서는 부동산종합증명서 발급 외에 토지이동민원(토지의 등록전환, 분할, 합병, 지목변경, 등록사항 정정 신청, 지적측량 신청), 건축물변경 및 의제처리 민원 그리고 부동산 가격민원 등의 업무를 온라인상으로 처리할 수 있어 편리하다.

토지이용계획확인서
_토지의 가치를 결정하는 문서

> 토지의 가치를 결정하는 요인은 무엇일까? 아마도 그 토지에 얼마나 다양한 용도의 건축물을 지을 수 있는지, 어느 정도의 규모로 지을 수 있는지가 아닐까 싶다. 토지이용계획확인서를 통해서 이런 사실을 확인할 수 있다.

토지의 가치와 개발의 가능성을 가늠할 수 있는 중요한 서류인 토지이용계획확인서는 온라인을 통해서 열람 또는 발급받을 수 있는데 정부에서 운영하고 있는 토지이용규제정보서비스(토지이용계획열람) 또는 정부민원포털 민원24(인터넷발급민원)를 통해서 가능하다.

토지이용규제정보서비스: luris.molit.go.kr

토지이용계획학인서를 단순 열람하는 것이라면 포털 검색창에 토지이용규제정보서비스를 검색하여 토지이용계획 > 토지이용계획열람 > 해당 주소 입력 후 열람 버튼을 클릭하면 된다. 무료로 이용할 수 있다.

정부민원포털 민원24: www.minwon.go.kr

온나라 부동산정보 통합포털: www.onnara.go.kr

토지이용계획확인서를 발급받으려면 포털 검색창에 토지이용규제
정보서비스를 검색하여 토지이용계획 > 토지이용계획확인서 발급을
클릭하면 해당 지자체 홈페이지로 연결되는 새 창이 뜬다.

또 다른 방법은 정부민원포털 민원24에 접속하여 발급받거나 정부
의 부동산정보 종합포털 온나라 부동산정보를 통해서도 가능하다.
물론 읍·면·동사무소에서도 가능하다. 해당 서류의 열람은 무료지만
발급은 유료이다.

토지이용계획확인서가 포함하고 있는 주요 내용에는 지목, 면적, 개
별공시지가 등의 정보가 포함되어 있지만 가장 중요한 것은 지역 또
는 지구 등 지정여부에 해당되는 국토의 계획 및 이용에 관한 법률에
따른 지역 지구 등과 다른 법령 등에 따른 지역 또는 지구 등에 표시
되는 내용이다.

토지이용계획확인서 구 양식에서는 지적도가 포함되지 않아서 별
도 발급받아 확인했어야 하지만 이제는 동시에 발급받을 수 있다. 지
적도에 표시된 확인도면은 축척변경을 통해서 필요에 따라 그 크기를
변경해가면서 확인할 수 있으니 활용 바란다.

한편 토지이용계획확인서가 담고 있는 내용을 구체적으로 살펴보
면 다음과 같다.

1. 지번

토지이용계획확인서 발급을 신청한 토지의 지번을 표시한다

2. 지목

지적법상 규정하고 있는 지목을 표시하는 곳으로, 지적법상의 지목과 현황상의 지목은 다를 수 있으니 손품을 넘어 꼭 현장을 방문하여 확인하여야 할 부분이다.

3. 면적

토지이용계획확인서상에 표시되는 면적은 참고용으로 보면 좋을 것인데 그 이유는 원하는 토지의 정확한 면적을 공적으로 확인해주는 서류는 바로 토지대장이기 때문이다.

4. 지역 또는 지구 등

국토의 계획 및 이용에 관한 법률 또는 기타 법률상에 규정되어 있는 지역 또는 지구 등에 규정되어 있는 용도지역, 용도지구, 용도지구 등의 규제사항은 해당 토지의 활용가치를 결정하는 중요한 규제 정보가 된다.

구체적으로 실생활에서 있어서 내가 가지고 있는 토지가 있다고 했을 때 토지이용계획확인서상 용도지역 등 규제사항을 살펴보면 우선 도시지역, 관리지역, 농림지역, 자연환경보전지역 등 4개 지역 중에 하나에 해당되는 용도지역이 특정된다.

이렇게 용도지역이 정해지게 되면 그 용도지역에 따라 지을 수 있는 건축법상의 용도가 결정되기 때문에 원하는 용도의 건축물을 짓지 못하는 용도지역의 토지를 매입하는 것은 바보와도 같은 일이 될 것이다.

또한 용도지역을 통해서 해당 토지에서 지을 수 있는 건축물에 대한 문제를 해결하고 난 뒤에 남는 것이 있다. 바로 그 건축물의 규모에 대한 것이다. 건축법상의 건폐율과 용적률, 높이에 대한 규정으로 세분화된 용도지역에 따라 건폐율, 용적률, 건물높이 등이 결정되므로 스스로 판단하기 어렵다면 해당토지 인근에 있는 믿을 수 있는 업체를 통해서 확인해보는 것이 중요하다.

등기부등본
_토지의 권리 분석을 위한 필수적인 문서

> 토지의 가치를 판단하는 서류도 중요하지만 부동산 거래의 시작과 끝은 과연 해당 토지를 안전하게 내 이름으로 등기할 수 있는가는 더욱 중요하다. 토지를 구입한다고 할 때 현장의 토지는 멀쩡해도 등기부등본상의 토지는 온전한 소유권 이전을 어렵게 하는 다양한 함정이 숨어 있을 수 있다.

등기부등본은 언제, 어떤 내용을 확인해야 할까?

일반인들이 부동산 서류를 판단할 때 어려운 부분은 지적공부와 등기부의 이원화 문제라고 할 수 있다. 지적공부는 부동산의 물리적 현황을 중심으로 공시하는 제도이고, 등기부등본은 권리관계를 중심으로 공시하는 제도라는 점이다. 따라서 실무에서는 지적공부와 등기부등본의 이원화로 인해 상호 간에 불일치의 문제가 발생하는 경우가 있어 이럴 때에는 어떤 서류를 기준으로 분석을 해야 할지 헷갈리는 경우가 있다.

이것을 쉽게 정리하면 부동산의 지목, 면적 등의 사실관계에 관한 변동사항은 토지대장을 기준으로 기재되며, 변경된 토지대장상의 사실관계를 기준으로 등기부등본에 기재가 되기 때문에 토지대장과 등기부등본상 사실관계가 다르게 기재된 경우에는 토지대장을 중심으로 판단하는 것이 맞다.

동시에 소유권 변동이 있는 경우에는 등기부등본의 소유권의 변동된 내용을 등기하면, 변경된 등기부등본의 내용을 기본으로 토지대장의 소유자를 정리하게 되므로 토지대장과 등기부등본상 소유자가 다르게 기재된 경우에는 등기부등본을 중심으로 판단하면 된다.

정리하면 소유권의 변동 또는 제한사항에 대해서는 다른 어떤 서류보다도 등기부등본을 기준으로 판단해야 하고, 이는 부동산의 권리분석에 있어서 가장 중요한 데이터가 되는 것이다.

권리 분석 실무에서 유의해야 할 등기부등본상의 제한물권은 선순위 지상권이 있을 경우 말소여부, 선순위 처분금지 가처분등기가 된 경우, 공유지분 등기된 물건에 있어 공유지분권자의 분석, 선순위 소유권가등기가 되어 있는 경우 등 소유권 이전에 중대한 문제가 생길 수 있는 물건을 경매 입찰하거나 거래할 경우에는 전문가의 도움을 받는 것이 바람직하다.

등기부등본의 열람 또는 발급은 어떻게 해야 하나?

과거에는 등기부등본의 열람 또는 발급을 위해서는 직접 해당 등기소에 가서 번호표를 받고 줄을 서서 신청하는 번거로움이 있었다. 그보다 조금 더 발전한 것이 무인발급기일 것이다. 하지만 지금은 인터넷 시대이다. 등기부등본의 열람과 발급도 인터넷을 통해서 집에서 가능하다.

포털 검색창에 인터넷등기소로 검색을 하면 바로 대법원 인터넷등기소 홈페이지에 접속할 수 있다. 열람하는 것은 700원이고, 서류를 제출하기 위해서 발급이 필요한 경우에는 1천 원의 비용이 발생한다. 사실 그 옛날 가는 비용, 기다리는 시간을 생각하면 감사하게 생각하고 이용해도 좋겠다고 생각한다.

참고로 원하는 주소를 입력하고 나면 등기부등본의 말소사항까지 출력할 것인지 아니면 현재 상황만 출력하는지를 선택하는 화면이 나오는데, 전부(말소사항포함)를 선택하여 해당 부동산의 등기상의 이력을 확인하는 것이 해당 부동산의 가치판단을 하는 데 중요한 도움이 될 수 있음을 기억한다.

등기부등본의 구성은 이렇다

등기부는 건물 등기부등본과 토지 등기부등본으로 구분되며, 각 등기부는 표제부, 갑구, 을구로 구성되어 있다.

표제부는 부동산의 소재지, 지목, 구조, 면적 등의 현황사항을 포함하고, 갑구는 소유권과 소유권 관련 권리관계(가등기, 가처분, 압류, 가압류, 경매 등)에 대하여 표시된다. 소유자가 바뀔 수 있는 상황들을 알 수 있는 곳이다. 을구는 소유권 이외의 사항(저당권, 전세권, 지역권, 지상권 등)에 대하여 표시를 하는 곳이다. 전셋집을 구할 때 가장 먼저 확인하게 되는 부분이라고 할 수 있다. 대출이 얼마만큼 되어 있는지를 확인할 수 있는 곳으로, 주택 가격에 비하여 대출금이 과다하면 속칭 깡통주택이 될 가능성이 있으므로 주의해야 한다.

참고로 2006년 이후에 거래되는 부동산에 대하여는 매매에 따른 거래신고 의무에 따라 등기부등본상에 거래가액 등이 표시가 된다. 부동산을 사고 팔 때 실거래가액을 참고하면 된다. 또한 등기부등본에서는 권리를 행사할 때 등기의 순서가 중요한데 같은 구(갑구와 갑구) 안에서는 순위 번호에 따라 순서가 정해지며, 다른 구(갑구와 을구)에서는 접수 번호를 보고 그 순서를 판단하여야 한다.

등기부등본 열람 및 발급

대법원 인터넷등기소: www.iros.go.kr

토지(임야)대장
_해당 토지(임야)에 대한 **이력**을 보는 문서

> 해당 토지의 역사를 고스란히 기록하고 있는 문서가 토지대장이다. 그 중에서 토지대장에 있는 지목이나 면적은 다른 부동산 서류의 기초가 된다. 토지에 대한 기본 문서이니 그 항목별로 어떤 의미를 가지는지 정확하게 알아두어야 한다.

토지대장에서 가장 중요하게 보아야 할 부분은 무엇인가?

앞서 살펴본 것처럼 지적공부와 등기부의 이원화 문제로 인해 실무에서는 같은 토지임에도 다르게 기재되는 경우가 있다. 지적공부는 부동산의 물리적 현황을 중심으로 공시하는 제도이고, 등기부등본은 권리관계를 중심으로 공시하는 제도라고 했다.

따라서 실무에서는 지적공부와 등기부등본의 이원화로 인해 상호간에 불일치의 문제가 발생하는 경우에는 면적이나 지적에 대해서는 토지대장을 기초로 분석하는 것이 맞다.

토지대장에 기재되는 부동산의 물리적 현황은 다음과 같다.

· **토지의 소재**

해당 토지의 소재지를 표시한다.

· **지번**

해당 토지의 소재시상의 번지를 표시한다.

· **지목**

28개의 지목 중에서 하나가 표시되며, 지목 앞의 괄호 안의 숫자가
큰 것이 현재의 지목이다.

· **면적**

해당 토지의 면적을 표시한다.

· **사유**

토지의 변동사항 즉 행정구역의 변경, 지목 변경, 용도 변경, 면적
변경 등의 토지에 관련된 변동 내용을 표시한다.

· **변동 일자와 변동 원인**

토지 소유자의 내용이 변동이 생겼을 때 그 일자와 원인이 표시되
며, 괄호 안의 숫자가 큰 것이 최근에 소유자가 변동된 내역이다.

· **소유자의 성명 또는 명칭, 주소 및 주민등록번호**

토지 소유자의 이름과 주소가 표시된다.

토지대장의 열람 또는 발급은 어떻게 해야 하나?

　토지대장과 임야대장도 온라인을 통해서 열람 또는 발급이 가능하다. 포탈 검색창에 '민원24'를 검색하면 정부민원포털 민원24가 검색된다. 메인 페이지에 토지(임야)대장열람 등본발급신청 메뉴가 보이면 클릭한다.

　본인이 소유한 토지에 대하여 토지대장 또는 임야대장을 열람 또는 발급할 경우에는 무료이며, 다른 사람 명의의 토지는 발급은 500원, 열람은 300원의 수수료가 발생한다. 이 역시 그 옛날 직접 해당 시·군·구청에 가서 줄 서서 신청서 작성해서 제출하고 발급받았던 때를 생각하면 감지덕지한 것이라고 생각한다. 한편 시·군·구 또는 읍·면·동사무소를 직접 방문하여 신청하는 것도 물론 가능하다.

토지(임야)대장 열람 및 발급
정부민원포털 민원24: www.minwon.go.kr

지목_지목을 알아야 **용도지역**을 쉽게 **이해**할 수 있다

> 지목은 알 듯하면서도 실수가 많은 부분이다. 지목은 토지의 주된 사용 목적에 따라 토지의 종류를 구분 표시하는 명칭이지만 이것을 토지이용계획확인서상의 용도지역과 헛갈리는 사람이 많다. 완전히 다른 내용이다.

지목을 설정할 때에는 필지마다 하나의 지목을 설정하며, 1필지가 둘 이상의 지목 용도에 사용될 때에는 주된 사용 목적에 따른 지목으로 설정한다. 실무에서는 도로, 철도용지, 하천, 제방, 구거, 수도용지 등의 지목이 중복되는 경우가 있는데 이때에는 등록시기의 선후 및 용도의 경중 등의 순에 따라 지목을 정하는 것이 원칙이다.

지목의 종류는 다음과 같으니 하나씩 읽어보고 바로 그 용도가 연상이 되지 않는 지목에 대하여는 별도로 해당 법률을 찾아 스스로 공부하기를 바란다.

측량 수로조사 및 지적에 관한 법률 제67조(지목의 종류)

지목은 전, 답, 과수원, 목장용지, 임야, 광천지, 염전, 대, 공장용지,

학교용지, 주차장, 주유소용지, 창고용지, 도로, 철도용지, 제방, 하천, 구거, 유지, 양어장, 수도용지, 공원, 체육용지, 유원지, 종교용지, 사적지, 묘지, 잡종지로 구분하여 정한다.

실무에서 지목은 어떤 의미로 받아들여야 하나?

지목은 말 그대로 해당 토지가 사용되는 주된 용도에 따라 법에서 정한 종류 중의 하나로 정해진다. 그런데 공부상 지목과 현실의 지목이 불부합되는 경우가 많다. 다시 말하면 공부상으로 기재된 지목은 답이지만 현실에서는 전, 대, 창고 등으로 사용하는 경우가 많다.

지목은 그 설정과 등록을 국가가 사실심사주의에 의해 결정하고 관리하며, 한번 설정된 지목을 변경하는 경우에는 엄격한 통제를 받는 것이 현실이다. 이런 상황에서 지목 답의 경우 특별하게 지목불부합이 많은 이유는 무엇일까?

지목 답인 토지를 공부상의 지목에 상관없이 본인이 필요에 따라 흙을 운반하여 성토를 하고 이용하면 밭이 되는 것이고, 그 위에다 창고를 지어서 이용하면 창고 부지가 되는 것이다. 인허가가 필요한 것이 아니라면 굳이 사실심사주의에 따른 엄격한 지목변경 절차를 거칠 필요가 없기 때문이다(다만, 성토 높이가 50센티미터를 넘게 되면 형질변경 대상이 되어 과태료 대상이 되니 궁금한 사항이 있으면 당사 홈페이지나 이메일을 통해 상담해 주시면 바로 해결책을 제시하겠다.

따라서 토지에 대한 분석을 할 때 거듭 강조하지만 아무리 인터넷을 통해서 손쉽게 서류를 확인할 수 있다고 방심하지 말고, 토지는 직접 현장에서 이리저리 살펴보고 직접 땅을 밟아 보면서 판단하는 것이 바람직하다.

토지대장 및 지적도에 등록된 임야를 아시나요?

임야 중에는 번지 앞에 '산' 자가 붙은 임야(산77임)가 있고, '산' 자가 없이 그냥 번지 뒤에 '임'이라는 지목만 붙은 임야(77임)가 있다. 이렇듯 번지 앞에 '산' 자가 붙지 않은 임야를 '토임'이라고 한다. 즉 토지대장에 등록된 임야를 말한다.

토임은 주로 면적이 넓은 임야가 전원주택지 등으로 허가를 받아 면적이 작은 필지로 분할될 때 발생한다. 즉 면적이 작은 필지를 더 이상 6,000분의 1이라는 축척을 사용하여 관리하는 것이 불합리하기 때문에, 작은 면적을 효율적으로 표시할 수 있는 토지대장 및 지적도에 옮겨서 관리하는 것이다.

토임이 특별한 개발 가치가 있는 것으로 여기는 사람들이 있는데 그렇지 않다. 다른 임야에 비해 개발이 쉬운 것은 아니며, 그렇다고 문제가 있는 것도 아니다. 결국 국토의 계획 및 이용에 관한 법률에 근거한 용도지역을 기준으로 허용되는 건폐율, 용적률, 건축할 수 있는 건축물을 적용하여 개발할 수 있는 것이다. 결국 다른 임야와 특별한 차이가 없다는 점을 기억하자

자주 사용하는 지목에 대해 정리하면 다음과 같다.

· **전**▦

물을 상시적으로 이용하지 아니하고, 곡물 원예작물을 재배하는 땅.

· **답**畓

물을 상시적으로 직접 이용하여 벼, 미나리, 왕골 등의 식물을 주
로 재배하는 토지.

· **과수원**

사과, 배, 밤, 호두, 귤나무 등 과수류를 직접 재배하는 토지와 부속
시설물 부지를 말하며, 주거용 건축물의 부지는 대로 함.

· **임야**

산림 및 원야를 이루고 있는 수림지, 죽림지, 암석지 등의 토지.

· **대**垈

영구적 건축물 중 주거, 사무실 등 이에 접속된 정원 및 부속시설물
의 토지.

· **잡종지**

다른 지목에 속하지 아니하거나, 영구적 건축물 중 변전소, 송신소,
오물처리장 등의 부지.

지적(임야)도_그림으로 이해할 수 있으면 가보지 않아도 안다

아무리 인터넷 세상이라고 해도 토지는 직접 현장에서 확인해 봐야 된다. 하지만 현장에 가기 전에 보다 현실적으로 토지의 형상을 판단할 수 있는 지적공부가 바로 지적도이다. 지적도를 제대로 이해할 수 있다면 많은 교통비를 아낄 수 있다.

일반적으로 알고 있는 것처럼 지적공부에는 대장과 도면이 있다. 대장은 토지대장, 임야대장, 건축물대장 등이 있으며, 도면은 지적도와 임야도가 있다. 도면의 등록사항은 다음과 같다.

· 토지의 소재

해당 토지가 위치하고 있는 곳을 표시한다.

· 지번

해당 토지가 위치하고 있는 곳의 번지를 표시한다.

- 지목

  해당 토지의 지목을 표시한다.

- 경계사항

  해당 토지의 경계사항을 도면으로 표시한다.

지목에 따라 등록되는 대장과 도면이 달라진다

28개의 지목 중 임야는 임야대장, 임야도에 등록하고 나머지 27개 지목은 토지대장, 지적도에 등록을 한다.

지적도상 1cm 는 실제 거리가 얼마일까요?

지적도는 보통 1,200분의 1 축척을 사용하고, 임야도는 6,000분의 1 축척을 사용한다. 따라서 지적도상 1cm는 실제로는 12m이며, 임야도상 1cm는 실제로는 60m이다. 지적도를 잘 볼 수 있으면 교통비를 아낄 수 있다고 했다. 이러한 축척을 이용하여 도로의 폭이나 해당 필지의 폭 그리고 도로에서 떨어진 거리 등을 추정해 볼 수 있는 것이다.

지적도와 임야도에서는 어떤 것을 읽을 수 있을까?

투자를 검토하는 단계에서는 최대한 온라인 상으로 확인할 수 있는 것은 최대한 활용하는 것이 중요하다. 지적도는 그런 면에서 중요하다. 토지를 현장에 가보지 않고서도 그 형상이나 경계, 주변의 도로 여건 및 개발 현황 등을 파악하는 데 상당한 도움이 된다.

실무에서는 지적도와 임야도가 그 축척이 달라서 임야와 다른 지목들이 혼재된 지역에서는 현황을 파악하는 데 효율성이 떨어진다. 이때 토지이용규제서비스의 컬러 지적임야도를 축척을 조정하여 활용하거나 시중에서 판매하는 5,000분의 1 지적임야도를 사용하는 것이 일반적이다. 속칭 '오천도'만 있으면 현장에서 지적도와 임야도를 따로 지참하지 않아도 동시에 파악이 가능해지기 때문이다.

지적도 또는 임야도의 열람 또는 발급은 어떻게 해야 하나?

지적도와 임야도 역시 온라인을 통해서 열람 또는 발급이 가능하다. 포털 검색창에 토지이용규제정보서비스 또는 민원24를 검색하여 접속하면 가능하다. 메인 페이지에 지적도(임야도) 등본 발급 및 열람 메뉴가 보이면 클릭한다.

지적도(임야도)를 발급받기 위해서는 700원, 열람하기 위해서는 400원의 수수료가 발생되고 전자민원(인터넷) 발급 열람 시에는 무료이다. 두말할 것 없이 그 옛날 직접 해당 시·군·구청에 가서 줄 서서 신청서 작성해서 제출하고 발급받았던 그때를 생각하면 감사한 일이다. 한편 시·군·구 또는 읍·면·동사무소를 직접 방문하여 신청하는 것도 물론 가능하다.

한편 인터넷 포털 네이버 지도를 이용하면 지적편집도 또는 경기도 부동산포털 사이트를 이용하여 좀 더 편하게 사용할 수 있으나 이는 어느 정도의 정보 오차가 있을 수 있고, 법적으로 효력이 없다는 점은 알아두어야 한다.

지적도 열람 또는 발급 가능한 곳

토지이용규제정보서비스: www.molit.go.kr

정부민원포털 민원24: www.minwon.go.kr

용도지역
_토지의 **개발가능성**을 **판단**할 수 있다

> 용도지역은 국토의 계획 및 이용에 관한 법률과 토지이용계획확인서상의 중요한 부분이 만나는 접점이다. 용도지역을 이해하는 것은 해당 토지에 내재된 가치를 판단할 수 있는 바로미터라고 할 수 있다.

앞서 살펴본 도시관리계획에 대하여 다시 한 번 정리하자. 도시관리계획은 요약하면 시·군의 제반 기능이 조화를 이루고 주민이 편안하고 안전하게 생활할 수 있도록 하면서 당해 시·군의 지속 가능한 발전을 도모하기 위하여 수립하는 법정계획이고 광역도시계획 및 도시기본계획에서 제시된 시·군의 장기적인 발전방향을 공간에 구체화하고 실현시키는 중기계획이다.

법정계획이라는 점, 광역도시계획 및 도시기본계획에서 제시된 장기적인 발전방향을 공간에 구체화하고 실현시키는 중기계획이라는 점을 기억해야 한다. 행정계획이 아니라 실제로 국민들의 재산권 행사에 직접적으로 개발 및 이용에 따른 법적인 가이드라인을 제시하고 있다는 말이다. 따라서 도시관리계획을 이해하는 것은 바로 내 재산을 잘 활용하고 지키는 것이 될 수 있다.

구체적으로 이번에 알아볼 도시관리계획 중의 하나인 용도지역의 지정 또는 변경에 관한 계획의 내용을 보면 국토계획법에 의해 토지의 이용 및 건축물의 용도, 건폐율, 용적률, 높이 등을 제한함으로써 토지를 경제적, 효율적으로 이용하고 공공복리의 증진을 도모하기 위하여 서로 중복되지 아니하게 도시관리계획으로 결정하는 지역이 용도지역이다. 이러한 용도지역의 대분류는 도시지역, 관리지역, 농림지역, 자연환경보전지역으로 나뉘며 대분류는 다시 세분되어 지정될 수 있다.

용도지역에 따라서 개발 가능한 건축물을 판단할 수 있다

우리나라의 모든 토지는 21개의 용도지역 가운데 하나로 분류되어 있다. 용도지역은 여러 가지 토지 관련 서류 중에서 오직 토지이용계획확인서에만 표시되어 있다. 앞서 토지이용계획확인서의 중요성을 강조한 이유이다.

검토하는 토지의 용도지역에 따라 해당 토지에서의 건폐율, 용적률, 건축할 수 있는 건축물이 결정되는 것이다. 예를 들어 전원주택을 지을 목적으로 토지를 구입하려고 할 때 계획관리지역에 해당되는 토지는 건폐율 40%, 용적률 100%이지만 도시외지역의 생산관리지역, 보전관리지역, 농림지역, 자연환경보전지역의 경우에는 건폐율 20%, 용적률 80%를 적용받는다.

100평의 토지를 기준으로 비교할 때 계획관리지역은 바닥 면적을 40평을 지을 수 있지만 나머지 도시외지역은 20평만 건축할 수 있는 것이다. 만약에 단층으로 40평 규모의 주택을 신축하려는 사람은 계획관리지역의 토지를 100평만 구입해도 원하는 규모의 주택을 신축할 수 있지만 나머지 도시외지역의 용도지역에서는 200평의 토지가 있어야만 원하는 40평 규모의 집을 신축할 수 있다는 말이다. 단지 건폐율 차이만으로도 왜 용도지역이 토지의 가치를 판단하는 기준이 되는지를 이해할 수 있을 것이다.

더 나아가 용적률도 계획관리지역은 100%이지만 나머지 도시외지역의 용도지역은 80%이므로 결국 계획관리지역의 땅은 작은 면적을 구입하더라도 원하는 규모의 주택을 지을 수 있는 여지가 많기 때문에 초기 토지 구입비를 줄일 수 있다는 것이다. 이것이 바로 용도지역의 가치인 것이다.

시·군 도시계획조례에서 정하고 있는 건축 가능한 건축물의 종류도 계획관리지역에 해당되는 토지가 가장 범위가 넓다. 계획관리지역은 도시지역의 주거지역, 상업지역, 공업지역의 기능을 대체하는 역할을 한다. 즉 주거시설, 상업시설, 공업시설로의 개발이 가능한 토지다. 따라서 용도지역을 기준으로 건폐율, 용적률, 건축 가능한 건축물 등을 고려할 때 계획관리지역이 투자가치가 가장 높은 토지라는 이유가 여기에 있다.

국토의 계획 및 이용에 관한 법률 시행령 및 시·군 도시계획조례에서 허용되고 있는 주요 건축물은 다음과 같다.

아파트를 제외한 공동주택, 일반음식점, 인도어 골프연습장 등 대부분의 근린생활시설, 공해와 무관한 대부분의 제조업종, 일반창고와 농업용 창고 모두가 허용되며 계획관리지역에서만 유일하게 숙박시설

이 허용되고 있다.(다만, 도로법상 도로에서 50m 이상 떨어져야 한다)

용도지역과 토지이용계획확인서를 보는 방법

토지를 구입하기 위해서는 가장 먼저 용도지역을 확인해야 한다. 토지를 구입하는 목적과 해당 용도지역에서 허용하는 건축물이 부합되어야 하기 때문이다. 실무에서는 이때 지목도 복합적으로 분석을 해야 한다. 지목이 농지(지목 전, 답, 과수원)인 경우에는 농지법의 적용을 받아 용도지역에서는 가능한 건축물이라도 농지법에서 제한하는 경우에는 건축행위를 할 수 없기 때문이다. 지목이 임야인 경우에도 산지법의 적용을 용도지역보다 먼저 적용을 받는다.

더 나아가서 농지법, 산지법, 용도지역 등의 세밀한 분석을 통해서 검토하는 토지에서 원하는 건축 가능하다고 해도 이제는 건축법상의 요건(대표적인 것이 건축법상의 도로에 접해야 한다)이 충족되어야 원하는 건축행위를 할 수 있는 것이다. 이러다 보니 일반인들이 스스로 구입하려는 토지에 대한 건축 가능 여부를 판단하는 것은 여간 어려운 일이 아니다.

현실적으로는 부동산 거래 경험이 많은 믿을 만한 중개업소를 통해서 1차적으로 해당 토지의 건축 가능 여부를 문의하고 필요하다면 인허가 업체를 통해서 건축허가 여부를 확인받는 조건으로 계약하는 것이 대안이 될 것이다.

도시생활과 전원생활
_용도지역의 **차이**를 알아본다

도시지역에는 크게 보면 주거지역, 상업지역, 공업지역, 녹지지역이 있고, 농촌지역에는 도시지역, 관리지역, 농림지역, 자연환경보전지역이 있다. 각각의 용도지역은 건폐율, 용적률, 건축할 수 있는 건축물 등이 다르다. 도시지역과 농촌지역에서의 용도지역 차이점을 알아본다.

대한민국 토지상에는 많게는 401개 지역 또는 지구가 지정되어 있으며, 규제완화 차원에서 점차 줄여나가고 있는 형편이다. 이 중에서 21개의 용도지역만이 전 국토를 규율하고 있으며, 나머지 지역 또는 지구는 모두 지역적인 규제를 하고 있다. 어떠한 토지를 검토하든지 간에 토지이용계획확인서에는 21개의 용도지역 중 하나가 해당될 것이며, 그 용도지역이 그 토지의 핵심가치를 판단하는 근거가 되는 것이다.

도시지역을 규율하고 있는 16개의 용도지역은 제1종 전용주거지역, 제2종 전용주거지역, 제1종 일반주거지역, 제2종 일반주거지역, 제3종 일반주거지역, 준주거지역, 중심상업지역, 일반상업지역, 근린상업지역, 유통상업지역, 전용공업지역, 일반공업지역, 준공업지역, 보전녹지지역, 생산녹지지역, 자연녹지지역이다.

이 중에서 주거지역, 상업지역, 공업지역은 주거 및 상업, 공업시설을 공급하기 위한 개발 목적의 공간이고, 녹지지역은 도시지역에 녹지를 공급하기 위해 배치된 보존 목적의 공간으로 구분할 수 있다.

농촌지역을 규율하고 있는 용도지역은 일부 도시지역 내 주거지역, 상업지역과 보전관리지역, 생산관리지역, 계획관리지역, 농림지역, 자연환경보전지역에 포함이 될 것이다. 농촌지역으로 구분할 수 있는 비도시지역은 기본적으로 보존을 위한 목적의 공간이다. 따라서 도시지역의 녹지지역과 비도시지역의 관리지역, 농림지역, 자연환경보전지역은 보존 목적의 공간이라는 측면에서 동질성을 가지고 있다.

농촌지역과는 달리 도시지역에서는 용도지역 외에 용도지구 또는 용도구역의 지정이 많다. 도시지역에서는 다양한 도시 문제를 해결하기 위하여 복합적으로 규제정책과 촉진정책이 필요하게 된다. 개별 토지마다 용도지역은 1개로 중복 지정을 할 수 없지만 국토의 계획 및 이용에 관한 법률에 따른 지역, 지구 외에 다른 법령 등에 따른 지역, 지구 등은 중복 지정이 가능하다는 점을 알아두자.

내가 검토하는 토지에서는 어떤 건축물을 지을 수 있을까?

이미 알고 있는 것처럼 건축할 수 있는 건축물은 해당 토지의 용도지역을 토지이용계획확인서를 통하여 확인하면 판단할 수 있다. 모든 시·군에서는 도시계획조례에서 용도지역별로 건축할 수 있는 건축물을 규정하여 열거하고 있다.

특정 지역에서 특정 용도의 건축물을 짓기 위해서는 검토 대상 토지에 대한 토지이용계획확인서 열람 또는 발급을 통하여 용도지역을 확인하고, 해당 시·군의 홈페이지에 접속해서 도시계획조례를 살펴보면 원하는 용도의 건축물을 지을 수 있는지 여부를 확인할 수 있을 것이다.

[참고] 건축법상 용도별 건축물의 종류 28가지

용도별로 바닥 면적의 제한이 있으니 세부 용도별 면적은 별도 확인할 것.

01. 단독주택

단독주택, 다중주택, 다가구주택, 공관 등으로 구분되며, 비도시지역의 전원주택은 건축법상 단독주택에 해당되는 것이 일반적이다.

02. 공동주택

아파트, 연립주택, 다세대주택, 기숙사 등으로 구분된다.

03. 제1종 근린생활시설

슈퍼마켓, 일용품을 파는 소매점으로서 건축물의 바닥 면적이 1천m2 미만인 것을 말하고 그 외에 휴게음식점, 이용원, 의원, 탁구장 등으로 바닥 면적의 합계가 일정면적 미만인 것을 말한다.

---

04. 제2종 근린생활시설

일반음식점과 제조업소가 대표적인 업종이다. 제1종 근린생활시설인 휴게음식점에 비해 일반음식점은 술을 판매할 수 있다.

05. 문화 및 집회시설

공연장, 집회장, 관람장, 전시장, 동·식물원 등으로 구분된다

06. 종교시설

종교집회장, 종교집회장에 설치하는 봉안당으로서 제2종 근린생활시설에 해당하지 아니하는 것을 말한다.

07. 판매시설

도매시장, 소매시장, 상점 등으로 구분된다.

08. 운수시설

여객자동차터미널 및 화물터미널, 철도시설 등으로 구분된다.

09. 의료시설

병원, 격리병원 등으로 구분된다.

10. 교육연구시설

학교, 교육원, 직업훈련소, 학원, 도서관 등으로 구분되며 자동차학원은 자동차 관련 시설로 분류된다.

11. 노유자시설

아동 관련 시설, 노인복지시설 등으로 구분된다.

12. 수련시설

생활권 수련시설, 자연권 수련시설 등으로 구분된다.

13. 운동시설

탁구장 등 제1종 근린생활시설, 제2종 근린생활시설에 해당하지 않는 것, 체육관, 운동장 등으로 구분된다.

14. 업무시설

공공업무시설, 일반업무시설 등으로 구분된다.

15. 숙박시설

일반숙박시설, 관광숙박시설 등으로 구분된다.

16. 위락시설

단란주점으로서 제2종 근린생활시설에 해당되지 아니하는

것, 주점, 무도장 등으로 구분된다.

17. 공장

물품의 제조, 가공 또는 수리에 계속적으로 이용되는 건축물
로서 제1종 근린생활시설, 제2종 근린생활시설 등으로 따로
분류되지 않는 시설을 말한다.

18. 창고시설

창고, 하역장, 물류터미널, 집배송시설 등으로 구분된다.

19. 위험물 저장 및 처리시설

주유소 및 석유 판매소, 액화석유가스 충전소 등으로 구분된다.

20. 자동차 관련 시설

주차장, 세차장, 폐차장 등으로 구분된다.

21. 동물 및 식물관련 시설

축사, 가축시설, 도축장 등으로 구분된다.

22. 자원순환 관련시설

분뇨 및 폐기물 처리시설, 고물상, 폐기물 재활용시설 등으로
구분된다.

23. 교정 및 군사시설

교도소, 감화원, 군사시설 등으로 구분된다.

24. 방송통신시설

방송국, 전신전화국, 촬영소 등으로 구분된다.

25. 발전시설

발전소

26. 묘지 관련 시설

화장시설, 봉안당, 묘지에 부수되는 건축물 등으로 구분된다.

27. 관광 휴게시설

야외음악당, 야외극장, 어린이회관 등으로 구분된다.

28. 장례식장

인생 후반전은 전원에서
마음 편하게 보내고 싶다

· 세컨드 하우스를 꿈꾸는 그대, 전원생활 예습은 하셨나요?

· 세컨드 하우스를 꿈꾸는 그대, 원하시는 땅의 모습은 어떤가요?

· 세컨드 하우스를 꿈꾸는 그대, 지역은 정하셨나요?

· 세컨드 하우스를 꿈꾸는 그대, 주택구조는 어떤 것으로 정하셨나요?

· 세컨드 하우스를 꿈꾸는 그대, 예산은 적정하게 잡으셨나요?

· 세컨드 하우스를 꿈꾸는 그대, 직접 집을 지어보면 어떨까요?

· 세컨드 하우스를 꿈꾸는 그대, 주말농장에서 자연과 함께하실래요?

· 세컨드 하우스를 꿈꾸는 그대, 단지형이 좋나요 아니면 마을 안이 좋나요?

· 세컨드 하우스를 꿈꾸는 그대, 전문 중개업소는 어떻게 고르실래요?

· 세컨드 하우스를 꿈꾸는 그대, 진짜 살 집으로 이사를 꿈꾸어 보세요

세컨드 하우스를 꿈꾸는 그대,
전원생활 예습은 하셨나요?

> 공부에 있어서 왕도는 바로 예습이다. 전원생활에 대한 로망을 가진 사람에게도 그렇다. 어쩌면 삶의 터전이 바뀌는 시골생활은 더 많은 준비와 노력이 필요하다. 다수의 사람들이 의욕만 가지고 왔다가 낭패를 보는 것이 전원생활이기 때문이다.

도시생활 속에서 그림 같은 집을 마음속에 담고 산다

1인당 국민소득 2만 달러와 인구 5천만 명에 도달한 국가를 지칭하여 20-50클럽 멤버라고 한다. 일본, 미국, 프랑스, 이탈리아, 독일, 영국에 이어 우리나라가 처음 클럽이 생긴 이후 16년 만인 2012년도 세계에서 일곱 번째 가입국이 되었다고 한다.

이는 다른 부문을 차치하고라도 경제력만 볼 때 양과 질적인 면에서 선진국의 대열에 올랐음을 보여주는 지표라고 보아도 무관할 것이다. 또한 이 시기는 선진국의 사례에서 볼 때 마이카 시대를 열면서 세컨드 하우스에 대한 기대가 현실화되는 시점이라고도 할 수 있다.

우리나라에서도 세컨드 하우스 다시 말해서 주말주택 또는 전원주택이라는 용어가 일상생활 속에서도 자연스럽게 회자되는 것도 이제는 부담스럽지 않다. 주말에는 전원생활의 기대와 꿈을 가지고 원하는 지역으로 가벼운 발걸음으로 답사여행을 하는 사람들이 참으로 많아졌다.

가벼운 발걸음 속에는 각자의 그림 같은 전원생활을 상상하고 오지만 이곳저곳을 다니다 보면 생각한 것과 현실이 다를 수 있다는 생활의 불편함들이 예사롭지 아니함을 쉽게 느낄 수 있다. 이러한 어려움을 누군가는 전원생활고시라고 표현한다. 사법고시, 행정고시, 외무고시 그리고 기술고시를 합해서 어려운 시험을 대명사로 4대 고시라고들 말하는데 답사여행을 다니다가 보면 누군가는 전원생활을 어려움을 빗대어 전원생활고시라고 표현한다.

현실에서 만나는 익숙하지 않은 불편함들을 기억하라

부동산에 관심이 있는 사람들이라면 1기 신도시의 대표주자인 분당, 평촌, 일산, 중동신도시를 기억할 것이다. 그중에서도 분당신도시는 강남지역의 인구분산 가능성을 기대하면서 한편으로는 그림 같은 전원생활까지 덤으로 얻을 수 있는 것으로 생각하기도 했었다. 하지만 그 결과는 어떠했는지 우리는 잘 알고 있다. 이른바 '강남U턴' 현상이 일어난 것이다.

도시생활, 특히 도시에서의 생활 인프라와 서비스가 부족함이 없던 곳에서 살던 사람들이 막연한 신도시에 대한 기대와 덤으로 얻을 수 있다고 했던 전원생활의 즐거움은 그리 길지 않은 시간 내 불편한 현실로 다가왔다.

이른바 도심회귀 현상으로 그때 당시에는 고유가 정책, 경부고속도로에서의 출퇴근 전쟁, 직장까지의 출퇴근에 대한 부담감, 도시생활 인프라의 미성숙 등의 이유로 다시 직장 근처로 또는 원래 살던 곳으로 돌아가는 현상이 벌어진 것이다.

일상생활 속에서는 생각지도 못했고, 느껴보지도 못했던 대표적인 교통 여건의 불편함은 생각보다 쉽게 받아들이기 어렵다고 느낀 것이 도심회귀 현상의 가장 큰 이유가 아닐지 모르겠다. 이 대목이 전원생활고시에 대한 어려움에 대한 압축적인 이유라고 할 수 있을 것이다.

그때 당시 서울 강남지역과 분당신도시와의 물리적 거리는 불과 10킬로미터 정도였지만 직주근접의 편리함을 기대하기에 심리적인 거리는 시간이 지남에 따라 급속하게 늘어나게 되었다.

도시성숙에 필요한 절대적 시간은 어쩔 수 없지만 도시생활에 필요한 모든 기능을 완벽하게 충족하는 신도시라고 할 지라도 직장까지의 출퇴근에 대한 부담, 익숙했던 도시생활에서의 불편함 없는 일상생활에 대한 부담 등이 결국 심리적인 불만족으로 표현되어 살던 곳으로 되돌아가게 되는 것이다.

전원생활은 꿈이 아니라 현실이다

저마다 전원생활에 대한 그림 같은 생활을 기대하며 호기심으로 접근하게 되는 전원생활은 생각보다 그리 녹록하지 않음을 알기에는 그리 긴 시간이 필요하지 않다.

우리 삶의 큰 변화에 대응할 수 있는 준비된 몸과 마음이 필요하다. 그저 내가 시골 출신이라고 생각하고 바로 전원생활에 발을 담그다 보면 동상 걸리는 것은 시간 문제이다. 차근차근 이것저것 알아보고, 맛도 보고, 두드려도 보고 나에게 가장 잘 맞는 시간과 장소를 정하는 것이 무엇보다 중요한 것이다.

내 몸에 필요한 순응의 시간이 성숙되게 하기 위해서는 도시생활이 주는 편리함과 짜릿함보다는 더디지만 자연이 주는 분명한 삶의 방향을 더욱 소중하게 생각할 수 있는 몸과 마음의 준비가 필수적이다. 자연스럽게 일상생활을 받아들일 수 있는 마음의 준비가 된 상태에서 시작하는 전원에서의 생활은 무엇과도 바꿀 수 없는 마음의 평안과 건강한 몸으로 화답해 준다. 그저 눈물 나도록 감사한 일일 뿐이다.

세컨드 하우스를 꿈꾸는 그대,
원하시는 땅의 모습은 어떤가요?

> 전원생활의 시작은 작은 토지로부터 시작된다. 그 토지를 가꾸고 다듬다 보면 이곳에서 집을 짓고 살고 싶다는 생각이 들 수도 있기 때문이다. 원하는 토지를 원하는 가격으로 구입하기 위한 솔루션은 발품밖에는 없다.

원하는 것이 분명하면 얻는 것도 분명하다

누군가가 바람직한 인생은 속도가 아니라 방향이라고 했던가? 이 말은 많은 사람들에게 안도감을 주기도 하지만 한편, 마음만 급한 현실 속에서 내심 초조해지게도 만든다. 바람직한 방향이란 원하는 삶을 향해 자신의 시간과 노력을 집중하는 것이다. 다만 세상이 만든 부담감을 잠시 내려놓는 여유가 필요하다.

현장에서 전원생활을 꿈꾸는 사람들과 접촉할 기회가 많다. 금전적인 여유가 있는 사람은 5도 2촌, 다시 말해서 5일은 생업의 현장인 도시에서 경제활동에 충실하게 시간을 보내고 2일은 열심히 일한 것에 대한 보상으로 여기고 삶의 무게를 잠시 내려놓기를 희망하는 것이다. 이런 분들에게 전원생활은 즐거운 놀이터 내지는 휴식처 같은 의미일 것이다. 때문에 토지를 구입해서 집을 짓는 수고를 생각하지는 않는 것이 일반적이다.

은퇴를 준비하는 사람은 어떨까? 주말이면 꾸준하게 관심지역으로 발품을 판다. 주말마다 이곳저곳을 두리번거리며 보내는 생활이 일상이 되어가다 보니 내가 원하는 땅을 찾으려고 다니는 것인지, 아니면 주말마다 여행을 다니고 있는지 헷갈리는 상황에 빠지기도 한다.

실거주 목적으로 집을 찾는 사람이 있다. 이유 불문하고 도시생활을 정리하고 새로운 곳에서의 정착을 목적으로 전원을 찾는 사람들이 있다. 어쩌면 절박한 심정이 느껴지기도 한다. 하지만 대부분 정해진 예산 때문에 어려움을 겪는 경우가 많다. 마음에 드는 집이 있으면 생각보다 가격이 높고, 예산에 맞추어 집을 구하려고 하면 처한 현실의 벽에 한숨이 나오기 때문이다.

전원생활을 생각하는 마음은 모두 같다. 지친 심신을 내려놓고 편안한 시간을 자연 속에서 보내고 싶은 마음일 것이다. 하지만 준비된 여건은 모두 같지가 않다. 사정이 이렇다면 어쩔 수 없다. 내가 분명하게 원하는 것과 준비된 여건과의 균형감을 가지고 맞추어 갈 수 있는 물건을 찾는 것이 현명하다.

정해진 예산으로 시작하는 전원생활의 바람직한 방법은 시간과의 교감이 필요하다. 예산이 충분하기 않다면 시간적 여유를 가지고 거리상으로 조금 더 멀리 나아가면 자연과는 더욱 가까워질 수 있다. 이런 마음으로 토지를 미리 구입해두고 일정 기간 주말용으로 활용하기를 권한다.

시작부터 받아들일 것은 받아들이고, 추구할 것은 추구하는 것이 전원생활에 연착륙할 수 있는 방법이다. 원하는 것이 분명하면 그에 따라 얻는 것도 분명해지는 것은 전원생활도 예외는 아니다.

어떤 땅을 선택하면 좋을까?

일정 기간 주말농장으로 사용하면서 시골생활의 분위기도 맛보고, 반찬거리도 얻고 덤으로 건강까지 챙길 수 있는 적당한 토지면 좋겠다고 한다. 하지만 그런 감상적인 기대보다는 차가운 이성이 필요한 시점이다.

당장의 주말농장이 최종 목적지가 아니기 때문이다. 얼마 후에는 그 땅에다 집을 지을 계획을 분명하게 가지고 있다. 그렇다면 과연 그 땅이 집을 짓는 데는 문제가 없는지를 충분하게 검토해야 한다. 또한 원하는 규모로 집을 지을 수 있는지도 미리 따져보아야 한다.

공부한 대로 토지이용계획확인서를 열람하여 해당 토지의 용도지역을 확인한다. 용도지역에 따른 건폐율, 용적률, 건축 가능한 건축물의 종류에 주택이 포함되는지도 확인해야 한다. 건축허가를 받아 집을 짓는 데에는 문제가 없는지도 확인해야 한다. 빈틈이 있어서는 안 되는 부분이다.

마음이 편안한 것이 바로 풍수지리의 시작과 끝이다

이 말은 전통적인 풍수의 근본을 무시하는 것은 아니다. 다만 시대적 변화에 따른 유연성을 인정하자는 것이다. 땔감으로 난방을 하던 그 옛날에는 바람을 막아주는 위치(장풍), 물이 있는 곳(득수) 즉 장풍득수(풍수)의 자연환경을 갖춘 곳을 명당으로 생각했지만 우리가 사는 시대에서는 건축 기술의 발달에 따른 많은 여건 변화가 있었다.

자연환경에 의존하지 않고서도 난방에 대한 걱정, 먹는 물에 대한 걱정, 집의 방향에 대한 걱정 등에서 벗어나 본인의 취향이나 아이디어에 따라 다양한 선택이 가능한 세상이다. 명당의 여건을 스스로 만들어 낼 수도 있다는 말이 될 수도 있다.

여기에 완벽한 명당자리로 갖추고자 한다면 위치에 따른 방향이 정해지면 대문 창문의 위치를 잘 잡아야만이 명당자리가 될 수 있다. 집의 방향에 따라 창문 위치가 잘못되면 통풍이 되지 않아 집이 습해질 수 있는 것이다.

습한 집에서 살면 어떤 일이 일어날까? 생각보다 심각한 상황에 직면할 수도 있다. 이런 점을 방지하기 위해서는 방향에 따른 창문 위치가 중요하다. 참고로 여름철에는 남동계절풍이, 겨울철에는 북서계절풍의 영향을 받는다. 또한 지형에 따라 바람 방향이 바뀔 수가 있으니 많은 연구와 경험이 필요한 것이다.

건축을 위한 토지공법과 건축허가 여부를 확인한 다음에는 그 땅에 대한 관상을 보아야 한다. 특별한 능력을 필요로 하는 부분은 아니다. 풍수지리도 필요 없고 다만 그 땅을 바라보았을 때 첫인상과 그 땅을 밟아 보았을 때 느끼는 편안함이 있으면 된다.

내가 느끼는 푸근한 마음은 다음에 그 누군가가 그 땅을 보았을 때에도 같을 것이기 때문이다. 그런 땅이나 그런 땅 위에 지은 집은 부득이하게 팔게 되더라도 내놓았을 때 거래가 잘되기 때문에 어느 정도 환금성을 담보할 수 있어 든든하다.

건축에도 문제가 없고, 내 마음도 편하게 해주는 땅을 찾는 유일한 방법은 그만큼 많이 보는 것이 좋다. 영혼 없이 그저 양으로만 많이 보라는 뜻이 아님을 알 것이다. 간절함을 가지고 정해진 예산 범위 내에서 마음에 꽉 차는 내 땅을 구하는 방법은 시간을 가지고 충분히 찾아보는 것이다. 그러다가 80% 이상 만족할 수 있는 인연이 보이면 지나치게 고민하지 말고 과감하게 인연을 맺을 일이다.

세컨드 하우스를 꿈꾸는 그대,
지역은 정하셨나요?

> 특별한 이유는 없어도 마음이 더 가는 곳이 있다. '정들면 고향'이
> 라는 말도 좋지만 정해진 인연으로 만나는 자연생활은 더할 나위 없
> 이 행복하다. 그런 곳에서의 새로운 시간은 꿈꾸는 자, 행동하는 자
> 의 몫이다.

눈이 즐거운 곳보다는 마음이 편안한 곳이 정답이다

여행을 유난히 많이 다니는 친구가 있다. 가는 곳마다 눈앞에 보이
는 새로운 모습이 즐겁다고 한다. 그 친구에게 여행은 눈이 즐거운 새
로운 세상과의 만남이라고 한다. 어쩌면 그것은 여행의 모습 중 일부
분이라는 생각이 든다.

전원생활은 떠났다가 돌아오고 또 떠나는 여행과는 다른 면이 많
다. 도시의 소음을 벗어나 몸의 불편함에도 불구하고 택한 전원생활
초보자에게는 새로운 곳의 면면이 어색한 것 투성이일 것이다. 그러
다 보니 즐거움만 가득한 전원생활을 기대하다 보면 실망감은 커질
수도 있다.

하지만 새로운 인생의 터전이 되는 곳을 택하고 적응하는 것은 좀

더 다른 의미를 가지고 있다. 그곳에서 새로운 사람을 만나고, 새로운 직장을 찾고, 많은 시간을 자연과 함께할 수 있다는 설렘과 두려움이 교차하는 곳이기 때문이다. 이전의 삶보다 더 나은 삶이 어디 있겠느냐마는 전원생활은 그저 매일매일이 행복하기만 한 곳은 아닐 수도 있음을 진작에 알아야 한다.

어느 곳에 새로운 삶의 터전을 잡는다는 것은 따져야 할 것들이 많다. 그중에서도 가장 중요한 것은 눈으로 즐기는 짧은 즐거움이라기보다는 잔잔하지만 삶의 진실함이 묻어나는 곳을 선택하는 것이 좋다. 아마도 그곳에만 가면 마음이 편안해지고, 삶의 의미가 새로워진다. 이성으로 체크할 것이 해결되고 남는 마지막 선택의 기준은 바로 편안한 즐거움이 묻어나는 그런 곳이면 좋다.

가능한 사계절을 겪어보고 지역을 정한다

새로운 삶의 터전을 정하는 일이라 쉽게 결정할 수는 없다. 그렇다고 아무 생각 없이 이곳저곳을 다닐 수도 없는 노릇이다. 충분히 발품을 팔아서 후보지역이 선정이 되면 사계절을 겪어보고 최종 선택하면 어떨까 싶다.

사계절 중에서도 생각하는 지역에서의 겨울나기를 경험해보는 것이 필요하다. 먼저 시골생활을 경험하고 있는 사람들이 이구동성으로 하는 말이다. 겨울을 보내는 데 큰 문제가 없으면 나머지 봄, 여름 가을은 덤으로 얻는 기분이라고 한다.

마음에 드는 곳을 선정했다면 겨울에는 좀 더 많은 시간을 내서 평일에도 와 보고, 주말에는 넉넉한 마음으로 숙박을 하면서 시간을 보내보고, 장날에는 장터에서 국밥도 한 그릇 먹어볼 일이다. 그러는 사이 그곳에서의 일상에 자연스럽게 동화되고 있는 어엿한 자신을 발견할 수 있을 것이다.

처음 선택한 곳이 마지막 정착지가 아닐 수도 있다

경기도 용인에서 몇 년 전에 전원생활을 시작한 지인이 최근에 용인의 다른 곳으로 이사를 했다고 한다. 처음 생활할 주택을 구할 때에는 평생을 살 것처럼 지나칠 정도로 꼼꼼하게 따지더니 이사를 한 것이다. 이유를 들으니 그럴 수도 있구나 했다.

처음에 용인에 올 때에는 주변의 전문가 도움을 받았고, 충분한 고민 끝에 선택한 곳에 자리를 잡았지만 몇 년이 지나는 사이에 주변 환경이 많이 변했다는 것이다. 야트막한 산자락에 자리 잡아 고즈넉했던 집터에 반해서 집을 구했는데, 그사이 주변이 개발되면서 시골의 정취가 없어졌다고 한다.

몇 년간의 용인 생활은 지역 전문가로서의 안목도 키우는 계기가 된 것도 이유 중의 하나라고 한다. 처음 전원생활을 할 때에는 서울까지의 거리가 제일 중요한 선택 요인 중의 하나였는데 살다 보니 조금 불편해도 오랫동안 변하지 않을 자연환경과의 교감이 더욱 중요하다는 것을 알게 되었다는 것이다.

그래서 이제 막 전원생활을 염두에 두고 있는 지인들에게는 첫 번째 전원주택이 마지막까지 살 집이라는 편견을 버리고, 한 번 정도는 이사할 수도 있다는 생각을 가지고 오라고 조언을 한다. 그러면 첫 번째 전원주택은 도시생활에 익숙했던 자신들이 시골생활에 자연스럽게 적응하는 조금 여유로운 생활을 즐기는 곳이 될 것이고, 다음에 선택하는 집은 스스로 판단하고 선택한 환경이기 때문에 질리지 않고 오랫동안 살아도 변함이 없을 것이라고 한다.

편안한 마음이 드는 곳이 명당이다

아무리 많은 돈을 지불한다고 해도 100% 만족하는 생활의 터전은 없다. 도시나 전원이나 같다. 결국은 사는 곳에 적응하고 받아들일 수 있는 마음가짐이 중요한 것이다. 가만 생각해 보니 처음 전원생활을 시작할 때에 가졌던 생각들은 버리지 못한 도시인의 시각으로 본 환상 같은 것이었다. 스스로 몸과 마음으로 받아들이면 어디든지 가벼운 마음으로 긴 여행을 하는 느낌을 오랫동안 향유할 수 있지 않을까 싶다.

세컨드 하우스를 꿈꾸는 그대,
주택구조는 어떤 것으로 정하셨나요?

> 선택할 수 있는 주택구조는 다양하다. 본인이 원하는 집의 특성을 감안하여 선택할 일이다. 경제적인 관점에서 주택구조를 선택하는 것은 바람직한 일이 아니다. 오랫동안 자신이 살 집을 지탱해주는 든든한 골격이기 때문이다.

골격이 좋은 집이 안전하고 건강한 집이다

건축물대장을 살펴보면 그 주택의 구조가 무엇인지 확인할 수 있다. 주택구조는 오랫동안 정들며 살아갈 주택의 뼈대 역할을 하고, 건물의 확장 가능성, 보수의 용이성 등에 상당한 영향을 미친다. 따라서 공사비를 절감하려는 이유 때문에 상대적으로 시공 원가가 적은 건축구조를 선택하는 것은 절대로 해서는 안 된다.

대표적인 주택구조로는 조적주택, 목조주택, 노출콘크리트주택, ALC주택 등을 들 수 있다. 각 구조별로 장단점을 가지고 있으니 개인의 취향, 시공 원가, 주택의 스타일 등을 감안하여 다양한 측면을 고려한 선택이 되어야만 후회가 없다.

주택구조의 종류별 장단점은 이렇다.

· **조적조**(벽돌주택)

단독주택에 많이 사용되는 건축구조로 시공상 매우 용이한 편이고, 내구성이 우수하여 시간이 지나도 단단함 느낌이 좋다. 벽돌을 위로 쌓는 구조이므로 지진이나 바람 등의 횡력에 취약하고 균열이 발생하기 쉽다는 단점을 가지고 있다.

· **목구조**(목조주택)

소규모 전원주택 시공에 가장 일반적으로 사용되는 구조다. 다른 건축구조에 비해서 강도와 내구력이 약하다는 것이 단점이라고 할 수 있다. 하지만 건축자재를 다루기가 용이하여 시공성이 좋고 지진이나 바람 등의 횡력에 대한 저항이 우수한 편이다.

또한 목구조는 상황에 따라 습기를 방출하기도 하고 습도가 높을 때에는 수분을 흡수하는 목재의 자동 습도 조절 기능이 있어 쾌적한 실내 환경을 유지할 수 있다는 장점이 있다.

요즈음에는 자재가 규격화되어 있어 저렴한 가격에 자재 수급이 가능하고, 하나의 공정이 다른 공정에 직접적인 영향을 미치지 않기 때문에 공기 단축에도 유리한 측면이 있으며, 경량목구조의 평균 내구 연수는 1백 년 이상이라고 알려져 있다.

목조주택은 내진 설계가 필요 없을 정도로 목조 자체가 스스로 내진 기능을 하며, 가볍고 스터드가 많아 많은 기둥으로 유지를 한다. 때문에 콘크리트주택이나 조적구조보다 지진에 더 안전하다고 볼 수 있다.

· 노출콘크리트주택

견고하고 단단한 주택, 모던한 스타일의 주택에 어울리는 구조로서 단조로운 벽돌주택이나 콘크리트주택의 아쉬운 점을 커버할 수 있다. 노출콘크리트주택은 시간, 기후, 디자인 요소에 따라서 다양한 모습으로 변신하는 매력이 있으며, 콘크리트 그 자체가 구조체이자 마감재이기에 견고함, 편안함, 듬직함 그리고 차분함이 함께 느껴지는 안정적인 건축구조이다.

하지만 상대적으로 높은 시공비, 긴 공사 기간, 자중이 무겁다는 점은 단점이라고 할 수 있으며, 새집증후군에 대한 잘못된 인식이 있는 것도 사실이다. 하지만 알려진 바에 의하면 새집증후군의 주요 발생 원인은 콘크리트의 재료가 아니라 카펫이나 온돌마루, 벽지 등에 사용하는 화학 접착제에 있다는 점을 알아둘 필요가 있다.

· ALC주택

목재보다는 단단하고 콘크리트보다는 무겁지 않아 보완성이 좋다. ALC블록의 가장 큰 장점은 제작 과정에서 발생되는 다량의 기포가 열을 붙잡는 역할을 하면서 뛰어난 단열성을 보이고 있다는 점이지만 동시에 습기에 매우 취약하다는 단점이 있다.

한편 실평수가 넓게 나오는 ALC주택의 장점을 양보한다면 ALC 이중공법을 통해서 습기에 대한 취약성을 극복할 수 있다는 점에 주목할 필요가 있다. 이중공법은 ALC블록 벽체를 이중으로 쌓되 벽과 벽 사이에 약간의 틈(25mm)을 두어 습기가 안쪽 블록까지 스며들지 않도록 하는 방법이다.

건축 현장에서 많은 공법으로 주택을 지어 보았다. 여름과 겨울을 가진 우리나라 기후 조건 등 다양한 측면을 고려할 때 목조주택보다 비용이 부담되더라도 철근 콘크리트구조를 권한다. 수축 팽창으로 인한 하자 요인이 심한 편이고 여름장마철로 인해 하단부가 썩는 경우도 많이 발생한다. 유지보수 비용 따지다 보면 초기 투자는 저렴할지 모르나 시간이 지나면서 철근 콘크리트구조보다 더 많은 비용이 발생할 수 있다.

목구조의 장점 집이 숨을 쉰다는 것이다. 그러나 현실과 거리가 떨어진다. 콘크리트 구조도 집의 내부 공기를 잘 순환할 수 있도록 할 수 있는 방법도 있다는 점을 알아두면 좋겠다.

건축구조별 개략적인 시공 원가를 알아보자

어떤 자료에 의하면 목조구조로 집을 지을 때 평당 350만 원 수준이라고 했을 때 ALC주택은 목구조와 비슷한 350만 원 정도이지만 습기를 막기 위해 이중공법으로 시공을 하면 430만 원 정도라고 하며, 철근 콘크리트는 480만 원 수준이라고 한다. 노출콘크리트의 경우에는 규모가 작은 주택에는 시공 단가를 거론하기 어렵고, 일정 규모 이상의 주택에 시공할 경우에는 철근 콘크리트보다 상당히 높은 수준이라고 보면 될 것이다. 물론 자재 선택에 따른 변수가 많겠지만 철근 콘크리트 > ALC주택 >목구조로 비교해 볼 수 있다. 참고로 건축구조에 투입되는 공사비는 전체 건축 공사비의 약 20%를 차지한다.

전원주택 시공 현장에서는 어떤 건축구조가 많을까?

전원주택 일번지 용인지역에서는 이미 건축되었거나, 시공 중인 건축물의 최소한 60% 이상은 목조주택이다. 목구조의 재료인 목재는 기본적으로 가벼운 자재이기 때문에 시공도 용이하고, 사계절 어느 때라도 공사가 가능하여 상대적으로 인건비를 최소화할 수 있다. 또한 다른 건축구조에 비하여 시공원가 측면에서 경쟁력이 있어 많은 시공업체에서 선호하기 때문이다.

한편 목조주택이 단점보다는 장점이 많다는 것을 알고 있는 건축주도 있기는 하지만 더 많은 사람들이 아직까지는 인터넷상으로 잘못 알려진 목조주택의 불편한 점에 대하여 거부감을 보이는 것이 현실이다. 심지어는 목조주택은 아예 선택하지 않겠다는 사람들도 있는 형편이다.

전원주택 거래시장에서 목조주택은 원하는 때에 팔지 못하고, 팔 때에도 제 가격을 받지 못하는 건축구조라는 그릇된 인식을 바꾸는 것은 쉽지 않은 일이다. 그렇다면 비슷한 가격의 다른 건축구조를 사용해서 짓는 것이 더 선호되는 것은 당연한 일이다.

더군다나 용인에 땅을 구입하여 건축을 하려는 사람들은 특별한 이유가 있지 않는 한 소비자가 원하지 않는 목조주택보다는 안정적이고 튼튼한 주택구조라고 생각하는 조적주택 또는 철근 콘크리트주택 등의 건축구조를 선택할 것이 분명하다.

세컨드 하우스를 꿈꾸는 그대,
예산은 **적정**하게 잡으셨나요?

> 한 채의 전원주택이 만들어지는 과정은 생각보다 복잡하다. 건축주가 건축공정을 이해하고 적극적으로 참여하는 것이 필요하다. 그러기 위해서는 전체 공정의 흐름, 사용되는 자재, 설계자와 시공업체와의 교감이 필요하다. 이 모든 과정은 경제적인 예산 관리의 시작이다.

전원주택이 만들어지는 과정은 이렇다

복잡한 도시생활을 벗어나 5도 2촌의 전원생활이든, 상시 거주의 목적으로 생활터전을 전원으로 이동하기 위해서는 거쳐야 하는 과정이 있다. 집을 짓고 나면 10년 늙는다는 말이 있다. 그만큼 많은 스트레스와 노력이 필요하다는 의미이다. 이런 과정을 즐거운 마음으로 참여하기 위해서는 사전에 충분한 준비가 필요하다.

① 편안한 마음이 절로 드는 집터를 준비하는 것이 시작이다.

아름다운 자연 속의 집을 짓기로 마음을 먹었다면 그 집을 토지를 구입하는 것이 우선이다. 앞서 살펴본 것처럼 집을 짓기 위한 법적인

문제를 확인하고, 동시에 편안한 마음이 드는 느낌의 토지를 찾아야
한다.

원하는 토지를 찾는 방법은 달리 없다. 충분한 발품이 필요하다.
가고자 하는 지역을 선정해서 수시로 마음에 드는 토지와의 인연을
찾아야 한다. 현장에서 직접 거래 시세도 확인하고, 그 땅이 가지고
있는 내력도 알아본다.

사계절을 겪어본다는 심정으로 아침에도 가보고, 해 질 녘에도 가
보는 것이 좋다. 비가 올 때는 빗물이 잘 빠지는지도, 눈이 올 때는
어떤 분위기인지, 주변에는 혐오시설은 없는지를 직접 발로 확인하는
것이 필요하다. 그 땅을 밟고 있는 느낌만으로도 기분이 좋아지는 그
런 땅을 온몸으로 찾아야 한다.

동시에 건축이 가능한지 여부도 사전에 알아보아야 한다. 토지 관
련 서류를 통해서 건축허가에 문제가 없는지, 소유권 이전에도 문제
가 없는지도 확인해야 한다. 전기, 지하수 개발, 오·폐수 처리, 배수로
의 설치 등을 해결하는 데에도 문제가 없는지 제대로 확인해야만 추
가 비용을 줄일 수 있다.

싸고 좋은 땅은 없다. 상대적으로 저렴한 땅은 추가로 많은 토목공
사가 필요하고, 지반 상태가 좋지 않을 수 있다. 결과적으로 볼 때 적
정한 가격을 주고 추가 비용이 들지 않으면서도 마음이 넉넉해지는
땅이 가장 잘 산 집터가 될 것이다.

② 준비된 건축설계는 단단한 주택의 밑그림이다.

공장에서 만들어져 나오는 듯한 집들이 많다. 건축주의 라이프 스

타일을 고려하지 않고 시공의 편의성, 비용절감 만을 고려한 집들이다. 기획설계, 계획설계, 실시설계 및 설계변경 그리고 시공과정에서의 현장설계 과정을 거쳐 집주인의 마음을 읽고, 현장 시공의 여건을 감안하고, 공사비용 절감에도 유리하도록 건축설계를 준비해야 한다. 건축설계에 충분한 시간과 비용을 지불해도 좋다고 생각한다.

③ 전원주택 시공은 모든 공정이 중요하다.

착공 전에 이루어지는 건축허가, 착공신고, 경계측량이 이루어지고 동시에 건축주는 전기 인입, 상수 확보와 관련된 행위를 건축 공사비가 아닌 본인의 비용으로 확보하여야 한다. 때에 따라서는 별도의 예산으로 책정해야 할 부분이다.

착공을 하게 되면 터 파기, 기초공사, 골조공사, 지붕방수 및 벽체방수, 창호설치, 전기설비작업, 난방 및 바닥미장, 단열공사, 내부마감 그리고 외장마감 공사의 과정이 이어진다.

④ 사후관리가 잘되어야 완벽한 주택이 된다.

시공 과정이 끝나고 사용승인 과정을 거쳐 보존등기와 동시에 내 집으로 입주를 하게 된다. 어떤 물건을 사더라도 사용 기간 중에 문제가 생기면 해결할 수 있는 지원이 충분한 제품이 좋다. 스스로 해결할 수도 없거니와 추가로 생각지도 못했던 비용이 들 수도 있기 때문이다.

좋은 시공사와의 인연은 준비된 성실 시공으로 시작해서 책임 있는 사후관리로 마무리된다고 보면 된다. 하자이행보증을 받고 2년간의 하자보수를 확인해야만 한다. 이때 시공사가 2년 이내 기간에 폐업을 했거나 하자보수를 처리할 능력이 없다면 하자이행보증은 무의미해진 다는 점을 기억하자.

⑤ 건축주, 스스로 공부하고 움직이는 전문가라 되자.

원하는 토지를 마련하고 난 뒤에 이어지는 내 집을 짓는 과정은 건축설계, 건축시공, 사용승인 및 보존등기 후 입주까지 짧게는 6개월 이상 걸리는 큰 일이다. 모든 과정에서 건축주가 이해하고 참여하지 않는다면 원하는 수준의 집이 만들어지지 않는다. 고로 건축주도 미리 충분한 공부가 필요하다.

전원주택을 마련하는 데 들어가는 주요 원가를 알아본다

단독주택을 완성하는데 들어가는 원가의 비중은 건축 공사비 50%, 토지 매입비 30%, 토목 공사비 6%, 설계비 5%, 조경 공사비 4%, 보존등기비 3% 그리고 기타 비용 2% 로 구성된다. 물론 설계 과정, 시공 과정, 준공 과정에서 생기는 원가 상승의 변수는 많다는 점도 기억하자.

50%의 원가를 차지하는 건축 공사비는 건축구조공사, 외장공사, 내장공사, 지붕공사, 창호공사, 욕실공사, 기초공사, 조경공사, 설비공사, 전기공사 그리고 데크공사의 공종 순으로 원가비율이 높은 것이 일반적이다.

건축주 입장에서는 정해진 예산에 맞추어 집을 짓는 것이 목표이겠지만 시공과정에서 생기는 다양한 변수, 협의 과정에서의 설계 변경,

좀 더 편리한 집을 짓겠다는 마음으로 욕심을 내는 고급 창호의 선택 등으로 건축비는 생각보다 늘어날 수 있다. 가능하면 건축 공사비의 120% 예산을 준비하고 공사를 진행해야 큰 심적인 부담 없이 안정적으로 공사를 마무리할 수 있다.

세컨드 하우스를 꿈꾸는 그대,
직접 **집**을 **지어보면** 어떨까요?

많은 사람들이 스스로 집을 짓고 있다

전원생활을 꿈꾸던 지인이 경기도 용인군에 꿈에 그리던 전원주택을 짓고 있다고 하여 다녀온 적이 있다. 건설회사 시공파트에서 근무한 경력이 있던 지인은 그 경험을 살려서 직장생활을 6개월간 휴직하고 직접 직영으로 집을 짓고 있었던 것이었다.

보통 전원주택 신축 관련하여 공사비는 자재비, 노무비, 외주비, 장비비, 경비 등으로 나누어 볼 수 있는데, 이 중에서 외주비가 발생하지 않도록 건축주가 직접 자재, 인부, 장비 등을 조달하여 직접 공사를 수행하는 것을 직영공사라고 한다.

좀 더 구체적으로 말하면 건축의 각 공종별로 전문 건설업체를 선정하여 공사를 발주하고 발주처(건축주)가 지급하는 공사비를 외주비라고 구분할 수 있는데, 이러한 외주비가 발생하지 않도록 철근콘크리트공사, 철골공사, 조적공사 등을 전문업체에 하도급 하지 않고 발주처(건축주)가 직접 수행하는 것이다.

공사 현장의 실정을 감안하여 직영공사를 하게 되면 각 공종별 전문업체의 이윤을 제거할 수 있기 때문에 일반적으로 공사 비용을 절감할 수 있어 선호하는 방식인데, 건축주가 건축에 대한 상당한 경험이 없는 상태에서 이 방식으로 건축공사를 진행하게 되면 관리해야될 부분을 충분히 컨트롤할 수 없어서 생기는 많은 문제를 감당하기 어려울 수 있다는 사실을 기억해야 할 필요 있다.

구체적으로 각 공종별 관리 인원이 증가하거나, 각 공종별 직영 인부의 전문성이 떨어져서 품질 하자 및 생산성이 저하됨에 따른 재료비, 노무비, 경비 등이 증가되어 실제 정산 과정을 거쳐 보면 비용을 줄이려고 하다가 오히려 더 큰 부담을 안게 되는 경우가 발생할 수 있다는 것이다.

한편으로 상당히 예민한 부분이 될 수 있는 부가가치세 문제가 직영공사와 관련될 수 있음을 살짝 일러주고자 한다. 실제 전원주택 공사 현장에서는 도급공사 형태의 업무가 진행됨에 불구하고 허가 과정에서는 건축주가 직접 공사한다고 신청하여 도급공사에서 발생할 수 있는 공사비의 10%를 부가가치세로 내야 하는 부담을 피하는 수단으로 활용하는 경우도 있기는 하다.

더 나아가서 건축공사업은 사업소득세 관련 절세라는 측면에서 볼 때 발생하는 매출 규모에 비해서 매입 자료가 많이 부족한 것이 현실이라 전문 건축업자의 경우에는 1년에 공사하는 1채 정도의 주택공사비는 매출로 잡지 않고 매입 자료 차원에서 부가가치세 환급을 목적으로 공사하는 경우도 있다는 점을 참고로 알아두면 좋겠다.

준비 과정으로 건축학교를 다녀보자

건축공사에 대하여 문외한이라면 틈틈이 시간을 내어서 스스로 집을 지을 수 있는 힘을 미리 축적하는 것도 좋은 방법이 될 수 있다. 찾아 보면 이러한 기회가 많이 있다는 점이 다행이다.

국토교통부 산하 사단법인한국목조건축기술협회는 국내 목조건축교육의 산실이었던 국민대학교 목조건축디자인센터에 이어 전국 단위의 목조건축기술교육원을 운영 중에 있으며, 한국조형예술원(KIAD) 목조건축디자인학부에 온라인 사이버교육 강좌인 목조주택의 기초과정과 목조건축디자인 전문과정도 개설하였다고 한다.

스스로 집을 지어보겠다는 생각은 욕심으로 그치면 아예 시작조차 하지 않는 것이 좋다. 그런 생각을 가지고 있다면 온라인 또는 오프라인상으로 많은 실무 경험 기회가 많이 있다는 것을 활용하면 좋겠다.

목조건축학교, 한옥건축학교, 통나무건축학교 등 다양한 재료별 건축 과정을 경험할 수 있는 과정이 있으니 장기 계획을 통해서 일정 기간은 마음먹고 이러한 과정을 직접 경험해 두는 것이 필요하다.

인생 후반전, 새로운 직업이 생길 수도 있다

건설회사를 다녔던 경험을 통해서 실전 건축 현장 경험이 있는 사람은 말할 것도 없거니와 막연히 전원생활을 동경했던 사람들 중에서도 탄탄한 준비 과정을 거쳐서 본인이 거주할 주택을 직영공사를 통해서 성공적으로 마무리한 사람들에게는 또 다른 인생 2막이 될 수도 있다.

아는 사람들은 알지만 전원주택의 메카인 경기도 용인군에서는 자기가 살 집을 짓기 위해 직영공사 경험을 살려서 1년에 한두 채의 주택을 지어주는 경우가 있어 전원생활에서 새로운 수입원으로 활용하는 사람들도 있다는 점이 매력적이라고 할 수 있다.

세컨드 하우스를 꿈꾸는 그대, 주말농장에서 자연과 함께하실래요?

> 본격적인 전원생활을 시작하기 전에 5도 2촌 하는 사람들이 있다. 주말마다 미리 준비해둔 토지를 가꾸는 것이다. 다소 힘이 들어도 주말농장에서의 수고로운 경험은 실제 전원생활의 든든한 밑받침이 될 것이 분명하다.

TV를 즐겨 보지는 않지만 어느 날 우연히 보게 된 종합편성채널 중에서 "나는 자연인이다"라는 프로그램을 본 적이 있다. 그리고 이 프로그램이 종합편성채널프로그램 중에서 처음으로 다시 보기를 유료로 운영하여 매출을 일으켰다는 이야기를 들은 적이 있다. 그만큼 시청자들에게 돈을 지불하고서라도 다시 보고 싶을 만큼의 선풍적인 인기를 끌었다는 반증일 것이다.

그럼 누가, 어떤 이유로 그 프로그램에 열광했을까? 생각해볼 때 주요 시청자는 내 집 마련의 과정을 무난하게 거쳐 이제는 자식들에 대한 부담에서도 조금 가벼워진 50대 전후의 연령층이라고 어렵지 않게 생각해 볼 수 있었다. 그리고 열광하는 이유는 간단하다. 이제까지의 삶은 나의 삶이 아니라 책임과 의무로서의 팍팍한 삶이었기 때문에 나만의 삶을 갈구하는 마음이 언젠가부터 마음 한컨에 늘 자리 잡고 있었기 때문일 것이다.

자연에 대한 막연한 동경을 직접 이루려고 발품을 파는 사람들이 늘어나고 있다. 각자의 방법으로 전원생활이나 귀농 또는 귀촌에 대한 방법이나 절차 등에 대하여 찾아나서는 사람들이 있다는 말이다. 전원주택에 대한 부분으로 한정하여 생각해보자. 특히, 아직 은퇴 전이기 때문에 우선 토지를 구입해 놓고 농막이나 컨테이너하우스 또는 비닐하우스 등을 임시 시설로 설치해 놓고 은퇴 후의 인생 2막을 기대하는 사람이 많다.

하지만 생각만으로는 한계에 봉착할 수밖에 없는 것이 현실이다. 자연 또는 농촌으로의 막연한 동경만으로는 어디에, 어떤 토지를, 얼마만큼, 얼마의 가격으로 구입하는 것이 좋을지를 판단하기에는 어려움이 많다. 특히, 적지 않은 땅을 미리 구입해 놓는다는 것이 당장의 만족감을 얻을 수 있겠지 만은 시간이 흐르면서 사 놓았던 그 땅의 주변 환경도 변할 수 있다는 것을 간과한 것을 후회하면 이미 때는 늦은 것이라고 할 수 있는 상황이 발생할 수도 있는 것이다.

과연 내가 어느 정도의 시간을 확보해서 어느 정도의 농작물을 관리, 경작할 수 있는지를 생각해보면 적정 면적은 어느 정도가 좋은지를 고민해 볼 수 있다. 그리고 일정 시간이 흐른 뒤에는 과연 이 토지를 어떤 용도로 바꾸어서 어떻게 활용할지를 감안하여 토지를 구입해야 하는 것이다.

본인의 능력을 감안하여 준비 과정이 필요하다

다시 말하자면 집을 짓기 위해 토지를 구입하는 것이 아니라 은퇴 후에 막연하게 전원에게 생활하기 위해서 우선 주말용 텃밭으로 이용하기 위해서 토지를 구입하는 것은 좀 더 신중한 판단이 필요하다는 말이다.

구체적인 데이터에 근거하여 움직이는 것이 아니라 막연한 전원생활의 동경을 실천하기 위한 첫 번째 움직임이라면 현실적으로 관리 가능한 작은 토지를 구입하는 것을 구입하여 알차게 운영하는 경험을 선택하는 것이 좋다.

실제적으로 처음 전원주택을 구입할 때에는 텃밭이 너무 작다고 아쉬움을 토로했던 사람들도 처음 1년을 넘기기 전에 만만하게 보였던 밭고랑 세 개를 경작하는 것이 그 얼마나 많은 손이 가고 몸이 움직여야만 관리가 되는 지를 알게 되는 데에는 그리 많은 시간이 걸리지 않는다.

그러니 은퇴하기 전에 낼 수 있는 안정적인 시간, 주말농장으로서의 접근성, 나 말고는 누가 텃밭을 관리할 수 있는지 등의 보다 구체적인 검토를 통해서 구입해야 할 토지의 규모, 위치 등을 결정할 수 있는 것이며, 이러한 것이 첫 번째 전원생활을 통해 생각했던 만큼의 자유로움을 얻을 수 있는 것이 되어야만 다른 차원의 전원생활도 기대할 수 있기 때문이다.

시간이 지나면 주변도 변하고 내 땅도 변한다는 것을 기억한다.

조금 넓은 토지를 구입할 때 간과해서는 안 되는 것은 내가 가진 토지는 내 것이지만, 그 토지를 둘러싸고 있는 주변 환경은 내 의지로 통제할 수 있는 것이 아니라는 사실을 기억해야 한다.

조금 더 일찍 전원생활을 시작한 선배 경험자들은 만나보면 쉽게 알게 될 것이다. 처음 전원생활을 시작할 때에는 내 땅이 마을 안쪽으로 들어와 산자락에 붙어 있는 편안한 토지였지만, 시간이 흐름에 따라 인근 전원주택 개발 붐으로 인하여 내가 한적하게 살고 있던 뒷산이 어느 날부터 포크레인이 땅을 파헤치기 시작하면서 한가롭던 전원생활의 꿈도 같이 어지러워지는 경험을 들을 수 있기 때문이다.

조금 불편함을 감수하더라도 국유림에 접하고 있어 향후 개발의 여지가 없는 편안한 토지를 기대하는 사람들이라면 내가 어떤 목적으로 어느 정도의 토지를, 어디에 구입하는 것이 좋을지를 그 목적을 따져보기를 권한다.

세컨드 하우스를 꿈꾸는 그대,
단지형이 좋나요 아니면 마을 안이 좋나요?

> 전원주택은 단지형과 개별형으로 구분할 수 있다. 각각 장단점을 가지고 있기에 어떤 형태가 좋다고 단정할 수 없다. 개인의 취향의 문제로 남겨 두기로 하고 단지형과 개별형의 특징을 알아본다.

전원주택 일번지, 용인 전원주택은 나날이 늘어나고 있다. 날씨가 도와준다면 불과 3개월에서 6개월이면 뚝딱 집이 한 채 늘어난다. 집이 늘어난다는 말은 결국 토지에 대한 수요가 증가한다는 것과 같은 의미가 될 것이다.

토지의 물리적 특징으로 부증성이라는 것을 알아본 적이 있다. 토지는 물리적으로 그 양을 임의적으로 늘릴 수 없다는 것이다. 그렇다면 용인에서의 토지에 대한 수요는 어떻게 가능한 것일까?

용인을 지나가다 보면 멀쩡한 산이 이리저리 깎여나가는 형상을 쉽게 볼 수 있다. 전원주택 단지를 개발하기 위하여 개발행위를 하고 있는 것이다. 용인에서 주택을 지을 수 있는 토지를 확보하는 유일하면서도 일반적인 방법이다. 내 의지와 상관없이 집을 둘러싼 주변 환경이 언제든 바뀔 수 있음을 보여주는 대목이다. 처음 전원생활을 시작할 때 보고 구입했던 나만의 집터가 내 의지와 상관없이 변하고 있는 것이다.

대부분 전원주택 단지는 이렇게 공급이 된다. 따라서 단지형 전원주택지는 대체로 평지에 비하여 상당한 경사를 수반하게 되고, 없던 도로를 새로 만들어야 하기 때문에 매매가에 포함된 도로비율을 따져보고 구입해야 한다. 평지에 있는 토지에 비하여 많은 토목공사비가 필요하고, 주차는 대부분 경사지를 활용하여 주차박스를 설치하는 것이 일반적이다.

단지형 전원주택지는 일정 수준의 경사를 가진 임야 개발을 통해서 공급되기 때문에 집안에서 보는 전망은 대체로 시원하다는 장점이 있다. 또한 단지형 전원주택은 뜻이 맞는 가까운 동호인이나 직장 동료, 대학 동창끼리 어울려 살면서 방범과 자녀 교육, 쇼핑, 응급 상황 등의 문제를 공동으로 대처할 수 있다는 장점도 있다.

때문에 동호인 모집 형태의 전원주택은 분양하는 전원주택 단지보다도 상대적으로 가격이 저렴하다는 장점이 있어서 부동산 경기에 큰 영향을 받지 않고 꾸준하게 관심을 받고 있다.

그러면 개별형 전원주택지는 어떤 장단점이 있을까? 현장에서 전원주택 관심고객을 상담하다 보면 단지형 전원주택지는 무조건 싫다고 하시는 고객이 적지 않다. 그만큼 인위적인 것, 경사진 도로, 상대적으로 높은 토지가격 등을 이유로 꼽는다. 그리고 무엇보다도 편안한 느낌이 없어서 정이 들지 않는다고 한다.

단지형이든 개별형이든 각각의 장단점이 분명하게 존재한다. 무엇을 선택하든지 간에 개인의 취향으로 한정한다고 해도, 개별형 전원주택지를 선호하는 사람들은 집터까지도 자연의 한 부분으로 받아들인다. 자연은 사람에게 또한 사람은 자연에게 자연스럽게 녹아드는 분위기를 원한다는 것이다.

개별형 전원주택은 원주민 마을 안에 있는 경우, 인근에 있는 경우로 나눌 수 있는데 나이가 어느 정도 있는 사람들은 원주민 마을 안에서 서로 말벗이 되어 어울려 살기를 원하는 경향이 있고, 젊은 사람들은 적당한 거리를 두면서 교감을 나누기를 원하는 경향이 있다.

원주민 마을 안에 있는 주택 구입을 고려하는 고객과 상담을 한 적이 있다. 인터넷상에서 떠도는 원주민 텃세에 대한 염려를 심각하게 말한다. 사람 사는 세상에서 사람으로 행복해질 수는 없다고 해도, 사람으로 마음이 불편하다는 것은 그리 바람직한 일이 아니다. 그럼에도 불구하고 왜 이런 걱정을 하는 것일까?

그 이유는 간단하면서도 아주 이기적인 것이다. 상대방 입장에서 생각하지 않고 오직 자신의 입장을 우선적으로 생각하기 때문이다. 서울 깍쟁이 같은 도시생활에서 길들여진 생각으로 사람들을 만나기 때문이다.

생각해 보면 평화롭게 이웃과 어울리면서 잘 살고 있는데 어느 날 갑자기 낯선 이방인이 불쑥 나타난다고 생각해 보자. 사람이라면 이유 불문하고 일단 불편함을 느끼는 것은 당연하다. 이럴 때 필요한 것이 바로 상대방의 시각에서 생각해 보는 것이다. 새로 이사 오는 사람이 먼저 마을 사람들을 찾아가 마음 열린 인사를 하면 어떨까 싶다.

세상의 변함없는 법칙은 기브 앤 테이크이다. 주는 만큼 받는다는 뜻이다. 새로운 마을에 새로 터전을 마련한 사람이 먼저 동네 사람들에게 기분 좋게 안면을 트는 기분으로 식사라도 한끼 대접하면 좋겠다. 그러면 동네 주민들은 열린 마음으로 대할 것이 분명하기 때문이다.

알아본 바와 같이 단지형 또는 개별형 전원주택지는 각각의 특징을 가지고 있다. 사람들과 어울려 살면서 인정을 느끼는 삶이 좋다면 개별형을, 아니면 도시에서 사람에게 시달리는 것만으로도 힘든데 이곳, 전원에서는 그런 부대낌 없이 조용하게 살고 싶다는 생각이 더 많이 든다면 단지형을 선택하는 것이 좋겠다.

다만 분명한 원칙은 하나 있다. 5도 2촌의 주말주택이 아니라 상시 거주용으로 전원주택을 생각한다면 단지형 주택보다는 개별형 주택을 권하고 싶다. 도시에서 익숙해진 편리함을 당장 떨쳐버리기에는 상당한 시간과 노력이 필요하기 때문이다.

세컨드 하우스를 꿈꾸는 그대,
전문 중개업소는 **어떻게** 고르실래요?

> 전원주택을 전문적으로 중개하는 업체들이 있다. 대부분 인터넷 광고를 통해서 고객과의 접점을 맺게 된다. 하지만 인터넷으로 보는 물건과 직접 현장을 가서 보는 물건에는 많이 차이가 있다. 중개업소와의 소중한 인연이 필요한 부분이다.

전원주택 초보자가 전원주택을 접하는 방법은 다양하다. 원하는 지역을 정하고 무작정 그 지역의 부동산을 방문하는 방법이 있다. 현장을 방문하기 전에 인터넷을 통해 지역 중개업소의 홈페이지를 방문하여 관심 매물을 선정 후, 직접 방문하여 현장 안내를 받는 방법이 있다.

전원주택 거래량이 꾸준하게 증가하고 있는 용인지역에서는 대체로 후자의 방법으로 중개업소와 고객이 만나게 된다. 관리가 잘되고 있는 중개업소의 홈페이지에는 수천 개의 물건이 광고되고 있다. 이 물건들이 바로 거래될 가능성은 높지 않다. 등록되어 있는 60% 이상의 매물들이 파는 사람이 원하는 가격 수준으로 거래 가격이 형성되어 있다 보니 중개업소 입장에서도 당장 좋은 매물로 소개하는 데 부담스럽다.

결국 매도인의 여러 가지 사정으로 인해 매도호가는 일정 시간을 거쳐 거래 가능한 금액으로 조정이 된다. 금액적으로 경쟁력이 있게 되면 중개업소에서는 고객들에게 안내를 시작한다. 그러면서 시간은 또 흘러간다.

특정 중개업소에서는 완전 초보자가 전원주택을 처음 보러 오면 바로 팔릴 만한 물건을 소개하지 않는다. 인근의 물건들을 안내하면서 거래 가능한 시세에 대한 안내를 먼저 하는 것이 일반적이다. 동시에 전원주택을 특징을 설명하면서 물건을 선택할 수 있는 안목에 대하여 설명하는 경우가 대부분이다.

바로 중개업소에서 추천할 수 있는 정도의 가격과 품질을 가진 주택을 보여준다고 해도 스스로 판단할 수 있는 경험과 능력이 없기 때문이다. 처음부터 집중해서 보여준다고 한들 고객이 그것을 느끼지 못하기 때문이다.

그러면 어떤 중개업소를 선택하는 것이 좋을까?

사람 사는 세상은 모두 같다. 사람이 사람을 만나는 데 필요한 것은 상호 신뢰이기 때문이다. 부동산 거래에서도 마찬가지이다. 그 기본은 사는 사람은 자신이 가지고 있는 생각, 가능한 예산, 구입 시기 등을 보탬 없이 정확하게 말해 주는 것이 필요하다. 파는 사람도 마찬가지로 원하는 가격에 대한 기준을 명확하게 중개업자에게 전달하고 가격 흥정에 있어서도 가능한 열린 마음으로 대응하는 것이 필요하다.

그러면 고객의 입장에서 본 바람직한 중개업소의 모습은 어떨까? 믿을 수 있는 첫인상과 업무 처리 과정이 매우 중요하다. 이러한 느낌을 보고 평가하는 것은 고객의 느낌이다. 첫인상에서 좋은 느낌을 받지 못하는 중개업소는 선택하지 않는 것이 바람직하다.

용인의 중개업소는 서울의 아파트 중개하는 것과 다른 모습으로 업무를 진행한다는 것을 아는 것이 시장을 이해하는 데 도움이 될 것이다. 우선 인터넷 포털 사이트를 통해서 전원주택 관련 주요 키워드로 검색을 하게 된다. 이때 중개업소는 좀 더 많이 검색 결과에 노출이 되기 위해서 일정한 비용을 광고비로 지출하고 있다.

검색 결과에 나와 있는 중개업소의 홈페이지를 서핑한다. 제일 중요한 요소는 준비된 예산이다. 그 예산에 따라 주택의 수준, 서울과의 거리, 땅의 크기 등 대부분의 요소가 결정되기 때문이다. 경험으로 볼 때 대부분 다소 작은 금액으로 기대하는 수준은 상당히 높은 것이 일반적이다.

직접 가서 보고 싶은 물건은 몇 개 고른 다음 중개업소를 방문하게 된다. 통상적으로 고객을 모시고 답사를 나가게 되면 최소한 2시간 이상의 시간이 소요된다. 따라서 미리 중개업소와 시간을 약속하여야만 와서 허탕치는 일을 피할 수 없다. 대체로 예약제로 운영되기 때문이다.

직접 현장을 갈 때 좀 더 많은 정보를 얻기 위해서는 사전에 중개업소 홈페이지에 있는 매물 정보, 설명 정보를 충분히 검토하고 궁금한 용어 등은 스스로 알아보는 정도의 노력을 들인다면 직접 물건을 볼 때 자신의 판단을 명확하게 할 수 있다는 것을 기억할 일이다.

다시 말하지만 좋은 인연이 될 만한 전원주택이나 토지를 만나는 첫 번째 과정은 신뢰할 수 있는 중개업소와의 소중한 인연이라고 해도 과언이 아니다. 중개업소에서 만나는 카운셀러도 그렇다. 서로 좋은 첫인상은 좋은 인연의 시작이 될 수 있다.

세컨드 하우스를 꿈꾸는 그대,
진짜 살 집으로 이사를 꿈꾸어 보세요

평생 살 것처럼 구하지만 끝이 아니다

부동산을 선택하는 것은 언제나 고민의 연속이다. 따져 보아야 할 것들이 많기 때문이다. 도시에서 살 집도 그 예외는 아니지만 전원생활에서 살 집을 구할 때에는 생각할 것들이 더욱 많다.

아는 사람 중에는 전원생활을 하려고 용인으로 지역을 정하고 나서도 몇 년째 토지를 결정하지 못하고 있는 사람이 있다. 그렇다고 잠깐 관심을 갖다가 일정 시간 시간을 두고 보는 사람이 아니다.

특별한 일이 없으면 주말마다 용인에서 시간을 보낸다. 땅도 살펴보고, 장터에도 가보고, 읍사무소에도 가보는 것이다. 사실상 용인시민으로서의 삶의 일부를 체험하고 있는 것이다. 그럼에도 불구하고 왜 토지를 결정하지 못하는 것일까?

복잡한 듯하지만 이유는 간단하다. 평생을 살 것처럼 물건을 찾기 때문이다. 신중함을 넘어서 과유불급의 단계라고 볼 수 있다. 그러다 보면 이것이 해결되면 저것이 걸리는 상황이 반복된다. 시간은 흘러 간다. 자신이 80% 살 마음을 가졌던 물건은 계속 주인을 찾아가고 있다. 다소 초조함도 느껴질 것이다.

정해진 예산으로 마음속에 그린 토지를 구하는 것은 쉬운 일이 아니다. 단순하게 발품을 많이 판다고 해서 해결될 부분이 절대 아니다. 선택의 순간을 놓치고 있다는 것이 정답이다. 너무 재다가 보면 인연을 만나기 어려운 것이 현실이다. 하물며 많은 돈을 준다고 해도 100% 만족하는 토지와의 인연을 만나는 것은 쉽지 않은 일임을 기억해야 한다.

최종 정착할 집은 스스로 선택할 수 있는 능력이 생긴다

발품을 팔아 알아야 할 것은 정확한 시세와 그중에서 가격 경쟁력이 있는 토지를 볼 수 있는 안목이라고 할 수 있다. 그런 준비가 된 사람은 매매를 결정하는 데 그리 큰 고민을 하지 않는다. 뻔하기 때문이다.

이런 과정에서 알아두어야 할 것이 있다. 처음 집을 사거나 토지를 사거나 할 때에는 전문 중개업소의 도움을 받는 비중이 매우 크다. 중개업소의 설명에 상당 부분 의지할 수밖에 없기 때문이다. 그렇지만 시간이 흐르면 달라질 수 있다. 용인에서 2년 정도 살다 보면 웬만한 곳은 다 가보게 된다. 지역의 이슈들로 충분히 알게 된다. 부동산 거래 시세에 대해서도 알게 될 것이다. 스스로 지역 전문가 수준의 안목이 길러지게 되는 것이다.

모든 사람이 다 원하는 것은 그만큼 경쟁이 붙어 대체로 가격이 상승한다. 따라서 서울에서 가까운 곳에 위치한 물건을 제 가격을 주고 사는 경우가 많다. 하지만 일정 시간이 흘러 특정 지역을 잘 알만큼 살다 보면 스스로에게 맞는 지역을 직접 선택할 수 있는 지역 연륜과 안목이 생긴다는 것이다.

그런 연륜과 안목이 생기면 이제는 중개업소의 도움 없이도 실패하지 않을 선택을 할 수 있다고 생각한다. 그 시점이 바로 평생 살 터를 구해도 문제가 없다고 할 수 있는 그런 때이다. 집터를 구해서 새로 집을 짓든지 아니면 적당한 기존 주택을 사든지 상황에 맞추어 결정하면 될 것이다.

미래 가치를 감안하여 선택하면 후회가 남지 않는다

세컨드 하우스는 생활 본거지가 아직 서울에 있기 때문에 서울과의 거리가 가까운 것을 선호할 것이다. 어쩔 수 없는 노릇이다. 하지만 생활 기반을 용인으로 옮기면서까지 서울과의 거리에 얽매이는 것이 바람직한 것인지에 대해서는 의문이 많다.

전원생활의 기본은 몸으로 많이 움직이는 것이다. 차를 타기보다는 많이 걷고, 텔레비전을 보는 시간보다 넓은 자연의 모습에 눈길을 주는 시간이 늘어나는 생활을 하는 것이다. 도시에서의 편안함을 뒤로하고 자연이 주는 기분 좋은 불편함을 받아들이기로 했다면 돈으로 전철 역세권을 사기보다는 발품으로 자연을 품을 수 있는 그런 곳으로 가기를 권한다.

국유림을 접하거나 인근에 있고, 임도를 따라 천연 숲 향을 느끼면서 온몸으로 행복감을 느낄 수 있다. 그곳에 미리 가서 자리 잡고 있다 보면 투자 가치도 따라올 것이라고 믿는다. 이런 것이 바람직한 재테크의 모습이다.

제5부

우리 삶 속에서의 부동산을 바라보다

- 부동산을 모르고 대한민국에서 살아갈 수 있을까?
- 20대, 종잣돈을 제때에 준비해야만 미래가 있다
- 30대, 결혼 그리고 가족과 함께할 수 있는 신혼살림터를 만들자
- 40대, 내 집 마련을 위한 적절한 타이밍이다
- 50대, 안정적인 인생 후반전을 준비해야 할 핵심 타이밍이다
- 60대, 포트폴리오를 점검하고 부동산은 정리하는 것이 좋다

부동산을 모르고
대한민국에서 **살아갈** 수 있을까?

> 대한민국에서 살면서 부동산과 무관하게 살아갈 수는 없다고 생각한다. 부모로부터 물려받은 재산이 많다면 별개지만 살아야 할 집을 스스로 준비해야 하기 때문이다. 외면하고 살 수 없다면 일상생활 속의 부동산 애로 사항에 대하여 좀 더 적극적으로 대응해야 한다고 본다.

안정적인 인생을 도모하기 위해서는 장기적인 재무계획 수립이 필수적이다. 재무계획의 사전적인 정의는 저축이나 투자를 할 때 재정 목적을 수립하고 그 목적을 달성하기 위하여 구체적으로 해야 할 목표를 계획하여 전략과 전술을 실행하는 것을 말한다.

대한민국의 가장으로 살면서 재무 포트폴리오를 걱정할 만큼의 다양한 자산을 보유하고 있는 사람이 얼마나 될까? 사실 선망의 대상이라고 할 수 있는 번듯한 대기업에 입사하여 정직원으로 근무하는 사람들조차도 물려받은 재산이 상당하지 않고서는 빠듯한 월급으로 살아간다는 것은 쉽지 않은 일임을 잘 알고 있기 때문이다. 일반 서민들은 말할 필요도 없을 것이다.

오직 월급에 목을 매고 사는 샐러리맨에게 월급은 그저 잠시 내 통장에 스쳐 지나가는 오는 날이 정해진 손님일 뿐이고, 그나마 제때에 밀리지 않고 받을 수 있다는 사실에 감사해야 하는 것이 오늘날의 분명한 현실이다.

그럼에도 불구하고 재무 포트폴리오를 말하는 것은 엄청난 자산가의 재무 전략을 말하자는 것이 아니다. 내 집을 마련한 사람들에게 부동산과 금융자산과의 상관관계를 언급하고자 하는 단순한 목적인 것이다. 다시 말해서 포트폴리오의 기본구성인 투자성, 안전성, 환금성의 배분 원칙에 따라 라이프 사이클에 맞춘 장기적인 부동산 포트폴리오를 구성해 보는 것이야말로 보다 적극적으로 내 인생의 부동산과 당당히 맞서는 방법이라고 볼 수 있다.

이제 압축 성장은 끝나고 투자 트렌드는 바뀌었다

1950년대 한국전쟁이 끝나고 일정 기간 동안 정부의 출산 장려 정책과 당시만 하더라도 가족 구성원이 노동력임을 감안하여 가능한 많은 아이를 출산하던 때에 태어나 1960년대의 보릿고개, 1970년대의 급속한 경제 팽창의 시대를 보내고 이제는 첫 번째 연금을 받는 사람들을 베이비부머 세대라고 한다.

우리나라 부동산 시장에서 베이비부머 세대는 수백 대 일의 청약 경쟁률을 뚫고 내 집 마련을 하였고, 그 어떤 투자보다도 차익 실현이 보장되던 부동산에 올인하였던 세대라고 해도 큰 무리는 없을 것이다. 이제 그 베이비부머 세대의 은퇴가 시작되고 있으며, 전반적인 내수경기는 장기적인 저성장의 늪에 빠져 있고, 저출산 고령화로 인해 미래 성장에 대한 기대감은 그리 높지 아니한 것이 엄연한 사실이다.

1인 가구는 늘어나고, 인구는 급속하게 줄어들고 있는데 베이비부머의 은퇴로 인해 부동산 시장에는 매물이 지속적으로 늘어날 것이 분명하다. 이제 아이들이 결혼하여 출가하였기에 큰 집이 필요 없어지고 노후 준비 차원에서 내놓은 부동산은 거래가 어려워질 것이 분명하다. 문제는 이런 집을 살 다음 세대의 인구가 줄어들고 있다는 점이다.

설상가상으로 젊은 세대들은 내 집 마련에 대한 집착이란 아버지 세대의 것으로 치부하고 오히려 소유의 개념에서 임대의 개념으로 전·월세 주택에서 첫 번째 신혼생활을 시작하는 것을 당연하게 여기고 있다.

앞으로는 은퇴하는 많은 사람들의 부동산 매물은 증가할 것이고 한편, 현재의 젊은 세대는 내 집 마련에 인생을 걸지 않는다. 이는 주택시장의 거래 침체로 이어질 가능성이 있다. 이래저래 베이비부머는 자라는 동안 콩나물시루 교실에서, 수백 대일의 청약전쟁에서 머리 터지게 싸워왔는데 황혼의 시절에도 알토란 같은 내 집을 팔기 위해 이리저리 눈치를 보게 될지도 모른다.

부동산, 애증의 대상에서 삶의 동반자로 여겨야 한다

부동산 중에서도 주택은 말 그대로 사람이 살기 위해 꼭 필요한 의식주 중에서 살아갈 공간이라고 할 수 있다. 소유에 대한 집착은 사라지고 그저 거주할 공간만 있으면 된다고 말하고 있다.

성장의 시대를 거치면서 부동산의 없으면 없는 대로, 있으면 있는 대로 고민을 안겨준 애증의 대상이었지만 향후에는 그저 가족과 함께 머무를 수 있는 편안한 주거공간으로서의 의미가 커질 것이다. 따라서 온 인생을 다 바쳐서 내 집 마련에 올인하기보다는 삶의 질의 높일 수 있는 다양한 시각을 가지는 것이 눈에 보듯 선하다.

20대, 종잣돈을 제때에 **준비**해야만 미래가 있다

> 인생의 20대는 열정과 꿈이 가득한 때이다. 앞으로의 긴 인생 여정을 준비하는 과정에서 20대를 어떤 마음을 가지고 살아가는 가는 생각보다 중요한 문제이다. 이때는 무엇보다 꿈을 실현하기 위한 경제적 멘탈이 정립되어야 할 시기이기 때문이다.

20대, 종잣돈이란 무엇인가?

현재 20대를 보내고 있는 사람들은 부모 세대인 60대 사람들의 가장 큰 관심사가 무엇인지 생각해 본 일이 있었을까 궁금하다. 결론부터 말하자면 기대수명이 길어지고 있는데 준비된 노후 자금이 턱없이 부족하다는 것이다. 앞으로 살아갈 길이 막막하다는 것이다.

20대와 30대는 준비하는 시기라고 할 수 있다. 취업이 어려워지는 요즈음은 30대에 첫 직장을 잡는 사람들이 부지기수이기 때문이다. 직장 생활을 하고 향후 5년 정도를 어떻게 보내는가에 따라 앞으로의 인생이 많이 변하게 될 것이다.

그중에서도 중요한 것은 미래를 위한 종잣돈을 이때 준비해야 한다는 것이다. 20대가 가지는 1천만 원은 30대가 가진 1억 원, 40대가 가진 5억 원에 상응하기 때문이다. 20대에 목표로 하는 종잣돈을 가능한 빠른 기간 내에 준비하는 방법은 받는 급여의 절반 이상을 뚝 잘라서 복리상품에 넣어두는 것이다.

어떤 상품이 내게 맞는지를 알아보기 위해서 은행상품에 대한 공부는 기본이다. 급여의 절반을 종잣돈으로 투자하는 것을 실천하기 위해서 가장 중요한 덕목은 바로 절약이다. 부모님이 재산을 물려주시는 것을 기대할 수 없는 젊은 샐러리맨의 미래 준비 과정은 그리 쉬운 그것이 아님을 꼭 기억해야 할 것이다.

종잣돈 못지 않게 중요한 것은 멘탈 정립이다

20대의 넘치는 열정을 기반으로 미래에 필요한 공부를 해 두는 것이 필요하다. 놀고 싶은 것 다 놀아서는 늘어난 인생의 후반전을 준비하기에는 역부족이 될 수도 있다. 내 인생에 필요한 부동산에 대한 문제를 스스로 해결할 수 있는 부동산 전문가 수준의 준비 과정으로 공인중개사 자격을 취득하는 것은 어떨까?

가장 좋은 시나리오는 공인중개사 자격증을 취득하기 위한 다양한 부동산 공부를 준비하고 훗날 목표했던 종잣돈이 마련되었을 때 망설이지 않고 이어서 최적의 투자상품으로 갈아탈 준비를 미리 하는 것이다.

사회 초년생 시절에 부동산에 대한 상당한 이론적 준비가 된다면 아는 만큼 보이는 것처럼 인생에 있어서 부동산의 의미가 어떤 것인지 알게 될 것이며, 스스로 자신에게 적합한 투자 방법을 선택하여 스스로 투자자가 될 수 있는 것이다. 아직 내 집을 마련할 돈은 없더라도 전세자금 정도의 종잣돈이 모이면 부동산경매를 통하여 동년배보다 빨리 내 집을 가지게 될 꿈을 꿀 수 있게 된다.

20대는 부모님의 도움을 받아 교육을 마치고 사회에 첫발을 내디뎌 스스로 경제활동을 시기이다. 자신의 인생 과정에서 처음으로 스스로의 재산을 형성하기 시작하는 때이므로 절약을 미덕으로 알고 종잣돈을 마련하기 위해 우선적으로 저축하고 남은 돈을 쓰는 자산 설계 전략이 필요하다. 그 목표한 종잣돈이 준비되는 시간이 빨라질수록 본인이 선택할 수 있는 인생의 가지 않은 길이 많아질 것이 분명하기 때문이다.

종잣돈이 준비가 되면 할 수 있는 것이 많다

인생플랜에 따른 생활 목표들을 철저하게 준비하는 것이 필요한 20대에 종자돈 마련과 공인중개사 자격 취득에 도전하는 것을 권한다고 했다. 종잣돈을 마련하면서 넋 놓고 있는 것이 아니라 그 종잣돈을 어떻게 운용할 것인지에 대한 구체적인 준비 과정이기 때문이다. 공부하는 대상을 부동산으로 한정하지는 않지만 대한민국에서 살면서 부동산과는 어떤 식으로든지 인연을 맺어야 하기 때문이다.

종잣돈이 준비가 되면 인생의 첫 번째 투자를 할 수 있게 된다. 그것이 창업이 될 수도 있고, 적금에 넣어두는 것이 될 수도 있고, 펀드에 공격적으로 투자하는 것도 가능하다. 또한 부동산에 있어서는 투자라는 측면에서 아주 중요한 시기가 될 것이다.

급매물을 살 수도 있고, 부동산경매를 통하여 반값 부동산에 투자할 수도 있고, 수익용 부동산을 구입하여 매달 들어오는 현금 수입을 통한 머니 파이프라인을 구축할 수도 있기 때문이다. 이런 과정들을 통해서 스스로 작은 부자의 꿈을 꿀 수 있음에 행복함을 느끼게 될 것이 분명하다. 대한민국 20대 아자아자!

30대, 결혼 그리고 가족과 함께할 수 있는 신혼살림터를 만들자

새로운 가정을 위한 준비가 필요한 시기라고 할 수 있다. 결혼자금, 주택자금 등이 목돈으로 필요하므로 절약을 기반으로 단단한 각오를 다져야 한다. 30대는 인생 후반전을 위한 초석을 다지는 시기로서 둘이 벌면서 가장 많이 저축을 할 수 있는 중요한 시점이기도 하다.

30대, 인생에 있어 가장 큰 준비가 필요한 때이다

새로운 가정을 꾸리기 위한 첫 단계인 결혼을 준비하는 시기이다. 20대는 부모로부터 경제적인 독립을 위한 시작 단계라고 할 수 있는데 현실적으로는 취업난으로 인해 대학을 졸업한 후 바로 취업을 할 수 있다는 보장이 없어 사실상 20대와 30대의 구분이 없이 바로 종잣돈 만들기와 목돈 만들기가 병행되어야 할 수도 있음을 기억해야 할 것이다.

20대에 목표한 종잣돈을 절약을 기반으로 준비했다면 30대는 그 종잣돈을 기반으로 목돈을 만들기에 도전하는 시기라고 볼 수 있다. 30대의 주요 재무목표를 생각해 보면 주택자금, 자녀양육자금, 노후

자금 시작, 긴급 예비자금 등이 그 내용이 될 것이다.

20대와 큰 차이는 없겠지만 30대에 목돈 마련을 위한 구체적인 실천 계획을 정리하면 다음과 같다.

- 의미 없는 지출을 줄이기 위해 목표 저축액을 타이트하게 유지할 것
- 주택 마련 시기를 조정하면서 현실적인 재테크 목표에 맞는 금융 상품 가입
- 소비형 저축이 아닌 자산 형성을 위한 저축에 관심을 둠
- 종잣돈을 굴려 목돈 만들기에 관심을 가질 것
- 재테크 목표 달성을 위하여 스스로 점검할 것

30대 재무관리 목표 중에서 가장 중요한 것은 결혼을 전제로 한 주택 구입 자금을 준비하는 것이라고 할 수 있다. 20대에는 현실적으로 종잣돈을 모을 수 있는 준비 기간이 그리 넉넉하지 않아서 사실상 종잣돈 만들기와 목돈 굴리기의 과정이 혼합되어 진행될 가능성이 매우 높다.

종잣돈을 만들어 어느 정도의 목돈이 준비되면 내 집 마련에 본격적으로 관심을 두어야 할 시기이다. 청약관련 통장을 준비하고, 관심 지역 아파트 모델하우스에도 다녀오고, 부동산경매 학원에도 부지런히 발품을 팔다 보면 어느새 공인중개사 자격시험 준비 과정에서 얻은 이론 지식들이 하나둘 실전 지식으로 변하고 있다는 느낌이 들 때가 있다.

한편 30대는 많은 것들은 고민하고 바쁘게 준비해야 하는 시기로

서 말 그대로 생존을 위한 재테크에 관심을 가져야 한다. 혹시라도 결혼이 늦어진다면 20대보다는 오른 월급을 조금 여유 있게 사용하고 있을지도 모를 일이다. 하지만 근거 없는 낙관은 불행의 씨앗이 될 수 있음을 기억해야 할 때도 바로 지금이다. 자신이 처한 현실을 똑바로 직시하여 보다 명확하고 장기적인 인생플랜을 준비하지 않으면 바로 대책 없이 40대 문턱에 선 당신을 보게 될지도 모르기 때문이다.

30대에는 어떠한 일들이 일어날 수 있는가?

- 100세 시대라고들 한다. 인생 계획에 있어 노후 대비가 가장 중요하고 현실적인 문제로 떠오르고 그 준비의 시작은 30대라고 할 수 있다.
- 영원한 직장은 없고, 영원한 직업만 있을 뿐이다. 인생 계획이 차근차근 마음먹은 대로 된다면 얼마나 좋겠는가 만은 현실은 그렇지 않다. 현재의 직장이 앞으로의 내 인생의 변함없는 버팀목이 될 것이라는 환상을 깨는 것이 현명하다.
- 월급을 모아서 집을 살 수 있는 가능성은 작아질 것이다. 내 집 마련에 대한 준비는 보다 전략적이어야만 가능하다. 목돈 만들기와 더불어 내 집 마련의 방법에 대한 준비를 해야 한다. 공인중개사 자격 공부를 통한 이론지식으로 무장하고 발품을 팔면서 모델하우스, 토지공부 카페, 부동산경매 학원 등에 다니면서 보다 경쟁력 있게 내 집을 마련할 수 있는 방법을 알아 두어야 한다.

결혼이 주는 삶의 의미를 구체적으로 생각해보면 어떨까?

30대는 결혼을 할 가능성이 가장 높은 시기이다. 결혼은 하나의 목표를 위해 둘이 같이 갈 수 있는 가능성의 순간이다. 어려운 시기를 함께 즐거운 마음으로 갈 수 있는 동반자로서의 준비자세에 대하여 심도 있는 고민을 해봐도 좋겠다. 뜻을 같이하는 반려자와 함께하는 30대의 재무 전략은 가장 성공할 수 있는 가능성이 높기 때문이다.

40대, 내 집 마련을 위한 적절한 타이밍이다

> 종잣돈 만들기, 목돈 굴리기의 과정을 거쳐 중년의 나이인 40대 문턱에 왔다. 대체로 결혼도 하고, 아이도 생기고, 전셋집에 살거나 작은 내 집을 마련했을 수도 있다. 이때 무엇보다 중요한 것은 내 집 마련과 노후자금 준비에 대한 진지한 고민과 그에 따르는 실천이다.

2015년 1월 1일 새해가 시작되는 시점에 리서치 전문업체 한국갤럽이 전국 만 19세 이상 남녀 1천2명을 조사한 결과 가장 유리한 재테크 방법으로 부동산 투자를 꼽았다고 한다. 40대는 절반가량이 재테크 수단으로 부동산이 가장 전망이 좋다고 봤다. 대한민국에서 살면서 재테크에 있어 부동산을 외면하고는 성공할 가능성이 높지 않다는 것이 일반적인 생각인 것이다.

재무전문가들은 통상 40대는 공격적인 투자유형을, 50대는 수비적인 투자유형을 보인다고 말한다. 40대는 사람에 따라서 차이는 있겠지만 안정적인 직장 생활이나 자영업을 유지해왔다면 어느 정도의 투자 자금을 확보하고 있을 것이다. 또한 부동산을 포함한 재테크에 대한 관심과 노력이 선행되어 상당한 수준의 내공이 쌓인 재야 고수들이 많다고 한다.

여유 자금과 투자에 따른 경험과 지식이 준비된 40대에는 보다 적극적으로 투자에 대한 실천이 필요하다. 이때 무리하지 않고 안정적인 투자 차익을 실현할 수 있다면 가장 바람직한 재무 상황이다.

40대에는 어떤 일들이 생길 수 있을까?

- 직장 생활 10년 차 이상이 되면서 평생 직업에 대한 고민을 할 수 있다. 한두 번 진급에서 누락되거나 라인을 타지 못하면 진지하게 이직을 고민하거나 직종 전환을 생각하기도 한다.
- 월급쟁이 생활이 지겨워져 시시때때로 내 가게를 차려 내 맘대로 영업을 할 수 있는 자영업자를 꿈꾸기도 한다. 자영업자는 하루 종일 가게에 매어 있는 생활이 싫어져 또박또박 월급날에 돈이 들어오는 직업을 선망하기도 한다.
- 이런저런 이유를 행복의 90%를 차지한다고 하는, 잃고 나서야 후회한다는 건강에 소홀하여 중년의 질병들이 여지없이 찾아오는 시기이다. 노후 대비의 시작은 오늘 건강하게 사는 것임을 기억해야 한다.
- 아이들과의 시간을 함께할 수 있는 얼마간의 시간이 남아 있지 않을 수도 있는 시간이다. 40대 즈음에는 아이들의 사춘기를 맞이할 것이다. 좀 더 어린 시절에 친구 같은 아버지에 대한 고민이 없다면 서로 다른 시각으로 부딪힐 수도 있다는 점에서 아이들에게 좀 더 애정을 보여주어야 할 시기이다.
- 진정한 노후 준비의 시작은 은퇴 후에 직업으로 선택할 수 있는

정도의 준비가 필요한, 또한 내가 하고 싶었던 취미를 준비하는 것이다. 현재의 직업은 자아실현의 장이라기보다는 생존과 생활의 기반이라고 할 수 있다. 은퇴 후의 직업은 내가 하고 싶었던 일을 차근차근 오랫동안 준비한 것이라 부담 없이 즐기면서 여생을 건강하게 보낼 수 있는 생활 축이 될 것이다.

불혹의 나이에 들어서면 적잖은 인생 경험들이 기반이 되어 세상 돌아가는 이치에 대하여 나만의 생각을 전할 수 있게 된다. 그런 만큼 20대, 30대에는 재무 매뉴얼에 나와 있는 종잣돈 만들기, 목돈 굴리기의 원칙을 기억하고 절약하면서 실천하는 시기라고 할 수 있다. 하지만 40대는 나만의 스타일이 분명해질 수 있을 것이다. 따라서 재테크에 대한 소신 있는 투자도 가능하게 될 것이다.

다만, 40대에 소신 있는 투자를 선택하기 위한 전제는 20대, 30대에 공인중개사 시험 준비, 발품 팔아 다니던 모델하우스 투어, 부동산경매 학원 수강 등이 그것이다. 잘 다져진 재테크 기초 체력을 바탕으로 보다 다양하고 다이나믹한 투자 포트폴리오를 구성할 수 있을 것이라고 확신한다.

이러니 저러니 해도 40대 재테크의 핵심은 내 집 마련이다. 이미 내 집 마련에 성공한 사람에게는 별개의 문제이지만 이때 내 집 마련에 대한 마무리가 되지 않으면 사실상 내 집 마련의 꿈은 물 건너 간다고 봐도 무방하다. 40대와 50대에는 자녀 양육비, 노후 자금 준비 등의 목돈이 수입만큼 지출될 것이 분명하기 때문에 주택 자금에 쓸 자금 여력이 없어질 것이기 때문이다.

삶의 중반전에 들어서 많은 변화에 마주한 시점이다. 모든 것이 생각대로 되지 않고 몸은 자꾸 이상 신호를 보내온다. 좀 더 계획성 있는 준비로 반드시 40대에는 내 집 마련에 대한 준비는 끝내는 것이 바람직하다.

50대, 안정적인 인생 **후반전**을 준비해야 할 **핵심 타이밍**이다

> 50대는 노화의 공포에 스스로를 가둘 때가 아니라 진정한 나이 듦의 황홀함과 아름다움을 즐길 때라는 어떤 여기자의 50대 예찬론이 생각난다. 50대에는 경쟁의 치열함보다는 삶을 관조할 수 있는 인생의 여유가 더 잘 어울린다. 다만 이런 여유도 준비된 사람에게만 허락될 것이 분명하다.

내 집 마련을 하면 다 한 것이라고 생각했었다

언젠가는 내 집을 마련하면 한시름 놓고 생활의 여유를 누릴 것이라고 생각했었다. 하지만 현실은 팍팍하다. 누군가는 50대 예찬론을 말하지만 그 속내를 들여다보면 헛헛하기 그지없다. 더군다나 몸의 상태가 예전 같지 않아서 벌써 이곳저곳이 삐걱거린다. 아직 아이들의 교육을 마치지 못했는데 직장에서는 가슴 철렁한 이야기만 들리고, 몸은 고혈압, 당뇨, 관절염은 기본으로 달고 다닌다. 어쩌면 가장 고민이 많은 시기일 수도 있다는 생각이다.

그럼에도 불구하고 40대도 아닌, 60대도 아닌 그 시간을 과연 어떻게 보내야만 잘 보냈다고 할 수 있을까? 그 첫 번째 키워드는 다름 아닌 건강이다. 몸 건강만을 말하는 것이 아니다. 마음 건강이 오히려 더욱 중요할 수 있기 때문이다. 자신의 몸과 마음이 스트레스로 힘들어지면 50대의 연륜도 그저 삶의 무게로 느껴질 것이 분명하다. 건강한 몸과 마음을 위한 노력이 결과적으로 인생 후반전의 핵심이기 때문이다.

"나는 자연인이다"라는 자연생활 다큐멘터리 프로그램이 인기라고 한다. 그 종합편성채널 프로그램으로는 기대하기 쉽지 않은 시청률을 기록하고 있다고 한다. 그만큼 사람들은 늘 자연에 대한 동경을 마음 깊은 곳에 가지고 있다. 그런 중심에 50대의 열정이 자리하고 있는 것이다.

수구초심, 경쟁의 굴레를 벗어나고자 하는 진심이다

50대의 시기를 보내는 분들은 아실 것이다. 왠지 모르게 나이가 들어가면서 기운이 빠지거나 삶의 마감이 임박하면서 다시 고향으로 돌아가고 싶은 마음을 가지게 된다. 수구초심, 다시 말해서 여우가 죽을 때가 되면 자신의 머리를 자기가 살던 굴을 향하여 눕는다고 한다. 짐승도 죽을 때가 되었을 때 따듯한 곳을 찾아서 눕는다고 하는데 하물며 사람이 고향을 그리워하는 것은 당연하다.

이제는 친구의 승진 소식에도, 좋은 차를 샀다는 소식에도 그다지 부럽다는 생각이 들지 않는다. 오히려 동창회에서 들은 친한 친구의 전원생활 소식은 참으로 부러웠다. 50대의 마음을 달랠 수 있는 곳은 바로 자연이다. 그 자연 속으로의 일상은 그 옛날 고향에서 맘 편하게 느꼈던 그런 향수를 불러 일으킨다. 이제는 나도 자연으로 가고 싶다.

전원주택, 대가 없는 일은 없다는 것을 알아야 한다

이곳저곳 귀동냥이나 손품을 팔다 보니 준비되지 아니한 전원생활은 만만치 않다는 이야기가 많다. 막연한 동경을 가지고 준비 없이 전원생활을 하게 되면 적응하지 못하고 만다는 말도 있다. 오히려 전원생활이라고 하면 손사래를 치게 될 것이라고 한다.

전원생활의 꿈을 자연스럽게 이루기 위해서는 사전에 많은 준비가 필요하다. 온라인 또는 오프라인상으로 손품과 발품을 팔아가면서 움직여야 한다. 용인에서 전원생활을 시작한 친구가 한국전원생활협회를 소개했다.

전원생활 관련 정보 제공, 홍보 및 제도 개선 제안, 도농 교류 활성화를 통한 균형 발전 도모, 전원생활 관련 제도 개선 마련 등을 목적으로 설립된 사단법인이다. 협회를 방문하여 상담을 해 보니 이미 도시생활의 편리함에 익숙해진 그대로 시골생활을 한다는 것도 무모한 일이 될 수도 있는 것이었다.

시행착오 없이 전원생활을 할 수 있는 좋은 방법 중의 하나는 원하는 지역에서 전세로 살아보는 것이다. 발품을 팔아 자신이 원하는 지역을 선정해서 바로 땅을 사는 것도 아니고, 전원주택을 사는 것도 아니라 1년 또는 2년 정도 전세로 전원생활을 하다 보면 무작정 저지르고 후회하는 실수를 하지 않기 때문이다.

60대, **포트폴리오**를 점검하고 **부동산**은 **정리**하는 것이 좋다

60대에는 어떤 일들이 생길까? 어떤 것에 관심이 가게 될까? 영화에서처럼 버킷리스트를 준비해서 하나씩 해 보겠다는 은밀한 즐거움이 있을지는 모르지만 적어도 재무적으로는 무엇인가를 벌리는 것보다는 정리해야 한다는 것이 중요하다. 그리고 삶에 대한 즐거움을 향유할 수 있었으면 좋겠다.

황혼의 포트폴리오를 잘 관리해야 여생이 즐겁다

생각한 대로 인생을 사는 사람이 과연 얼마나 될까? 대부분의 사람들은 생각을 하면서 생각대로 살기보다는 사는 대로 생각하는 사람들일 것이다. 그러다 보니 많은 인생 계획을 세운다고 해도, 가끔 이리저리 생각을 해 본들 우리네 인생살이라는 것이 내 맘처럼 움직이지 않는다.

노후에 생활이 즐겁고 행복하기 위해서는 어떤 조건이 필요할까?

우선은 삶의 질을 떨어뜨리는 질병 없이 건강해야 한다. 건강해야 세상도 즐겁게 바라볼 수 있기 때문이다. 둘째는 넘치지는 않아도 필요한 만큼 쓸 수 있는 정도의 경제적인 준비이다. 그것이 다양한 연금이 될 수도 있고, 머니 파이프라인이 잘 가동되는 수익용 부동산에서 정기적으로 현금 수입을 만드는 것이 될 수도 있다. 세 번째는 살아온 세월의 깊이만큼 세상을 편안하게 바라볼 수 있는 평안함이 있어야 할 것이다.

다른 것은 몰라도 재무적으로는 큰 문제 없이 차근차근 준비를 해왔다면 모르겠지만 60대에 포트폴리오에 대한 고민을 할 수 있는 사람은 그리 많지 않을 것이다. 현실적으로 보면 그나마 내 집을 한 채 가지고 있거나 좀 더 형편이 나은 사람은 여윳돈으로 시골에 땅을 사 놓았거나 전원주택을 준비해 둔 정도일 것이다.

냉철하게 생각해 보면 60대에는 새로운 투자는 언감생심이고 현재 보유한 자산을 잘 지키는 것이 무엇보다 중요하다. 어쩌면 현재 가지고 있는 아파트 한 채는 그나마 연금을 통해서 여생을 자식들에게 기대지 않기 위한 마지막 보루가 될 것이다.

60대, 주택연금제도를 통해서 경제적 활로를 찾다

주택연금이란 집을 소유하고 있지만 일정한 소득이 없는 일정 연령 이상의 사람이 생활에 필요한 자금을 조달할 수 있도록 집을 담보로 맡기고 그 집에 살면서 국가가 보증하는 연금을 매달 받을 수 있는 제도라고 할 수 있다.

가입 조건은 만 60세 이상, 부부 기준 1주택 원칙으로 9억 원 이하의 주택을 대상으로 한다. 주택연금 가입 절차는 주택금융공사를 방문하여 상담을 받고 보증신청을 하고, 신청을 받은 주택금융공사는 신청인의 자격 요건, 담보주택의 가격 평가 등의 보증심사를 진행한다.

이 과정을 문제없이 통과하면 주택금융공사가 보증약정 체결과 저당권 설정을 거쳐 금융기관에 보증서를 발급하게 되고, 신청한 사람이 해당 금융기관을 방문하여 대출거래약정을 체결한 후에 주택연금을 실행하게 된다.

주택연금이 가지는 장점은 자신이 살던 집에서 여생을 보낼 수 있으며, 생존하는 동안 연금을 받을 수 있다는 것이다. 부부 중에서 한 분이 돌아가신 경우에도 연금 감액 없이 동일 금액의 지급을 보장하고, 국가가 연금 지급을 보증하므로 안정성이 확보된다는 장점이 있다.

부부 모두가 사망한 이후 주택을 처분해서 정산하게 되고 연금수령 금액 등이 집값을 초과해도 상속인에게 청구하지 않고, 정산 후에 집값이 남으면 상속인에게 지급하게 되는 절차를 거친다.

황혼의 부동산 재무 전략은 오직 세금이다

경제적 여유가 있는 60대는 증여세에 대한 충분한 검토와 준비를 해야 할 것이다. 이때는 새로운 투자를 통해서 재산을 늘리는 것이 중요한 것이 아니라 현재의 자산을 절세를 통해서 가장 효율적으로 정리하는 것이 필요하기 때문이다.

재산의 무상 이전에 대하여 부과되는 세금인 증여세는 다른 세금에 비해 세금의 금액이 큰 경우가 많다. 또한 증여세는 일반 소득세나 법인세에 비해 세무서에서 세금을 부과할 수 있는 기간, 즉 제척기간이 길기 때문에 증여를 한 후 몇 년이 경과된 상황에서도 세금이 부과되는 경우가 있다.

따라서 재산을 이미 증여한 경우에는 절세 방법을 강구하는 것이

사실상 불가능하기 때문에 세무사 사무실을 방문하여 증여 전에 절
세 전략을 세우고 진행하는 것이 결국 60대 재테크의 한 축이 될 것
이다.

🏠 에필로그
_스스로 선택한 삶을 사는 것이 바로 행복입니다

인생의 궁극적인 목적은 마음이 행복한 삶이라고 생각한다. 어떻게 하면 그런 삶을 살 수 있을까? 그런 삶을 선택하게 된 특별한 계기가 있었을까? 그런 사람도 있고 아닌 사람도 있을 것이다. 분명한 사실은 우리 곁에는 행복하다고 느끼는 사람보다는 행복하고 싶다는 열망을 가진 사람들이 더 많다는 사실이다. 아마도 그만큼 행복하지 않다는 사실에 대한 반증일지도 모르겠다..

어디에선가 본 적이 있다. 본인이 선택한 삶의 방식대로 사는 것이 바로 행복이라고. 우리는 스스로 선택한 삶을 살고 있을까? 모르기는 몰라도 그런 사람은 많지는 않을 것이라고 생각한다. 우리 곁의 대부분 사람들이 현실에 급급한 모습으로 무엇엔가 쫓기는 듯 살고 있다. 복잡하고 시끄러운 도시생활에서는 더욱 그렇다. 여러모로 많은 것들이 스트레스로 다가오는 생활의 연속이다.

분명하게 기억해야 할 사실이 있다. 그렇게 살다가는 우리의 몸과 마음이 병들어 간다는 것이다. 감당할 수 없게 될 만큼 깊이 들어간다. 이렇게 살다가는 큰일이 날 수도 있겠다는 생각마저 든다. 그러면서 지금의 이 삶이 내가 원하는 삶인지를 자문하게 되는 시간과 깊게 마주하게 된다. 깊은 생각에 빠져든다.

지금 하고 있는 일을 놓으면 당장 큰일이 날 것처럼 느껴지지만 사실은 그렇지 않는 경우가 더 많다고 한다. 몸과 마음이 병들어서 하는 수 없이 자포자기하는 삶을 사는 것보다 조금이라도 건강할 때 내려놓을 수 있는 것들을 내려놓아야 한다. 그리고 가만히 스스로에게 물어야 한다. 내가 원하는 것이 무엇인지를!

나 역시 지금 행복한 삶을 살기 위해 스스로 원하는 일을 성실하게 하고 있다. 그 일은 오랫동안 함께하고 있는 직원들과 고객들의 삶의 공간과 터전을 짓는 것이다. 항상 기억하고 있는 것이 있다. 찾아주는 고객이 있었기에 우리 회사가 있고, 회사가 있었기에 직원들과 지금의 저도 있다는 점이다.

행복한 삶을 위해 스스로 선택한 일을 하고 있는 지금, 무엇과도 바꿀 수 없을 만큼의 만족감이 드는 것이 정말 기분 좋다. 아울러 이러한 세상을 여러분과 함께하고 있다는 사실은 더할 나위 없는 인생의 행복이라는 생각이 든다.

이 책은 건축 현장, 부동산 현장에서 얻는 크고 작은 경험과 지식들을 오랜만에 한숨 돌리면서 정리해 보는 과정의 산물이다. 한편 인생 후반전을 맞이한 지금 조금 더 힘을 내어 열정적으로 가야 할 방향에 대해서 고민하는 과정이기도 하다.

주지의 사실이지만 우리 인생에 부동산을 빼놓고 이야기하기는 어렵다. 그렇다면 남들보다는 조금 더 알아두고, 때로는 공부해두는 것이 좋겠다고 생각한다. 이 책에 많은 것을 담기에는 한계가 있고, 또한 아는 것도 일천하다.

다만 이 책을 통해서 누구라도 부동산과 삶의 연결 고리를 찾는 계기가 되었으면 한다. 우리 삶의 큰 축을 차지하는 부동산이라면 좀 더 적극적으로 그 인연을 만들어도 좋겠다는 생각이다. 행복한 삶의 근간을 관통하는 부동산으로부터 자유로울 수 있는 그런 날을 꿈꾸어 본다. 앞으로의 삶도 내가 알고 있는 사람들과 함께하며 스스로 원하는 삶을 살게 되어 모두 행복해지기를 진심으로 기원한다.

이제껏 살아오면서 알게 모르게 인연이었던 모든 사람들께 진심으로 행복한 시간들이었다고 전하고 싶고, 앞으로 만날 새로운 인연도 열린 마음으로 힘껏 끌어안도록 노력할 것이다. 읽어주신 독자 여러분께도 감사드린다.

호미로 막을 수 있는 일을
가래로 막아서야 되겠습니까?

　부동산은 구입 목적에 따라 검토할 내용이 많습니다. 흔한 말로 일단 저지르고 나서 해결할 수 없는 문제로 고민하시는 고객들을 보면서 참으로 안타까운 마음을 금할 수 없습니다.

　내 집을 짓다 보면 10년 늙는다고 합니다. 사업 규모가 큰 부동산 개발 목적을 가지고 계신 분들은 검토해야 될 중요한 것들을 놓쳐서 이러지도 저러지도 못하는 경우를 많이 보게 됩니다. 이러한 사례를 하나 살펴볼까요?

　연면적 786평 규모의 공장을 신축할 수 있는 토지가 필요했던 건축주가 있었습니다. 토지를 매입하기 전에 해당 토지가 가지는 중첩적인 규제사항을 믿을 수 있는 전문가에게 구체적인 협의 없이 덜컥 용인 시내에 있는 자연녹지지역의 토지를 계약을 했습니다. 현지 중개업소가 전하는 국토계획법에 따른 용도지역상 건축법시행령 별표1 제17호의 공장건축 허용 여부만을 전적으로 신뢰하고 (건축 규모)자연녹지지역의 공장 업종제한규정 대한 사항 등을 놓치고 말았던 것입니다.

　자연녹지지역에서는 식품공

장, 도정공장, 첨단업종의 공장 등 일부업종에 대해서만 허용하고 있
는데 건축주가 영위하고자 하는 업종은 여기에 해당되지 않았습니다.

결국 피할 수 없는 문제에 빠지고 말았습니다. 건축주는 공장의 건
축뿐 아니라 중소기업창업지원법에 따른 사업계획승인을 받아 해당
토지개발에 따른 부담금(약 8억 원 정도)을 감면받아 창업 비용을 줄이
려는 계획을 가지고 있었다는 사실입니다.

중대한 시행착오에 봉착한 건축주는 고민 끝에 부동산 개발에 따
른 모든 법률적인 검토, 개발행위허가 및 건축인허가, 건축설계, 건축
시공할 수 있는 종합적인 시스템을 갖추고 있는 우리 회사를 소개받
아 오셨습니다.

토지 계약을 포기해야 할지 또는 다른 방법은 없는지에 고민하던
건축주에게 우리 회사에서는 부담금을 면제받는 것이 우선 실익이
있다는 결론에 도달하여 부담금을 면제받을 수 있도록 창업에 따른

사업계획승인을 받도록 도와드렸고, 동시에 경쟁력 있는 건축 시공 가격으로 전반적인 비용을 줄여드렸으나 건축법시행령 별표1 제17호의 공장이 아닌 건축법시행령 별표1 제4호의 제2종근린생활시설[제조업소]에 따른 창업사업계획승인으로 방향을 돌려 당초 원했던 건축 면적을 축소할 수밖에 없었습니다. 제2종근린생활시설[제조업소]는 해당용도로 쓰는 바닥면적이 500제곱미터 미만이어야 하기 때문입니다.

사전에 건축주가 원하는 건축 면적, 공장 업종, 부담금의 면제 여부 등을 충분히 사전 검토를 하였다면 시간과 비용을 줄일 수 있었던 경우였지만 종합적인 검토를 할 수 있는 업체를 만나지 못한 것이 가장 큰 이유였습니다.

중복적인 규제를 받는 토지에 대한 포괄적인 검토가 꼭 필요합니다!

원하는 토지를 구입하여 건축을 하고 향후 재산 가치 상승을 기대할 수 있는 포괄적인 검토를 하는 것이 가장 경제적으로 대응하는 방법이라고 확신합니다. 좀 더 구체적으로 말하자면 건축주가 원하는 목적을 달성하기 위하여 충분한 협의를 통하여 각종 규제를 넘어설 수 있는 토지

를 구입하고, 경제적인 설계를 도출하여 경쟁력 있는 건축 시공을 일괄적으로 할 수 있는 우리회사는 모든 과정을 통해서 비용 절감과 부가가치 창출을 달성할 수 있다고 자부합니다.

단순하게 공사에 따른 건축 비용으로 비용을 아끼려고 하다가는 결국 호미로 막을 수 있는 일을 가래로도 막지 못하는 일이 생길 수 있다는 것을 반드시 기억하셨으면 좋겠습니다. 주식회사 연우가 동반자가 되겠습니다.

주식회사 연우는 부동산개발/건축설계/건축시공/자산관리 기능을 직접 운영합니다!

주식회사 연우는 부동산에 대한 스마트한 솔루션과 FULL LINE SERVICE 역량을 갖추고 부동산 개발(지구단위계획/산업단지개발/도시개발/물류단지개발 등), 경쟁력 있는 시공 능력(상업/업무/공장/물류창고/골프장 및 클럽하우스/전원주택/인테리어 등), 고객의 자산 가치를 극대화할 수 있는 부동산종합관리(개발계획수립/시행 및 시공/자산관리 및 운영 등) 시스템을 통하여 부동산에 관한 모든 솔루션을 직접 지원하여 드릴 수 있으니 믿고 맡겨주시면 신뢰로 보답해 드리겠습니다.

이 책과 마주한 여러분들과의 인연을 소중하게 생각하겠습니다.
부동산과 관련한 많은 고민들을 함께하겠습니다.

· 말도 많고 탈도 많은 집 짓기를 내 집을 짓는 마음으로 함께하겠습니다.
· 살고 있는 집에 대한 고민을 두루 보살펴 드리겠습니다.
· 집 지을 토지에 대한 다양한 검토를 해 드리겠습니다.
· 투자 목적의 개발행위와 관련된 전문적인 경험을 나누겠습니다.
· 부동산 관련 어떠한 문의도 내 일처럼 다가서겠습니다.

주식회사 연우 홈페이지: **www.ywsys.co.kr**
회사 대표번호: **1800-6115**